致 敬 扶 贫 人

THE　　THE
POWER　BATTLE
OF　　OF
THE　　POVERTY
COMMUNITY　ALLEVIATION

社区的力量

脱贫攻坚战 之
物业群英谱

主编：王鹏　朱旭东

文汇出版社

图书在版编目（CIP）数据

社区的力量：脱贫攻坚战之物业群英谱 / 王鹏，朱旭东主编 . -- 上海：文汇出版社，2021.3
ISBN 978-7-5496-3432-3

Ⅰ.①社… Ⅱ.①王…②朱… Ⅲ.①社区管理—物业管理—研究—中国 Ⅳ.① F299.233.3

中国版本图书馆 CIP 数据核字（2021）第 024660 号本书版权受法律保护。未经权利人许可，任何人不得以任何方式使用本书包括正文、插图、封面、版式等任何部份内容，违者将受到法律制裁。

THE POWER OF THE COMMUNITY
THE BATTLE OF POVERTY ALLEVIATION

社区的力量
脱贫攻坚战之物业群英谱

指导单位：中国物业管理协会　中国扶贫志愿服务促进会　中国社会扶贫网	
总 顾 问：沈建忠　周 忻	编　　委：王家华　朱旭东　丁曦林
主　　编：王 鹏　朱旭东	责　　编：甘 棠
特约编辑：刘寅坤　陈光耀　杨 姗　余 梵	装帧设计：乔丹丹

出版发行：文汇出版社
　　　　　上海市威海路 755 号（邮编：200041）
经　　销：全国新华书店
印刷装订：上海中华印刷有限公司
版次印次：2021 年 3 月第 1 版第 1 次印刷
开　　本：720×1000mm　1/16
字　　数：370 千
印　　张：20
书　　号：ISBN 978-7-5496-3432-3
定　　价：98.00 元

特别鸣谢：易居乐农

序

—

THE

POWER

OF

THE

COMMUNITY

把好事做实 把实事做好

文 | 沈建忠

"把好事做实 把实事做好",这是我 2019 年 6 月 15 日在国务院扶贫办召开"社区的力量"消费扶贫专项行动推进会上提出来的。

两年前,中国物业管理协会积极贯彻落实党中央、国务院关于打赢脱贫攻坚战的总体部署,根据《国务院办公厅关于深入开展消费扶贫 助力打赢脱贫攻坚战的指导意见》中提出"着力激发全社会参与消费扶贫的积极性,着力拓宽贫困地区农产品销售渠道,着力提升贫困地区农产品供应水平和质量,着力推动贫困地区休闲农业和乡村旅游加快发展,在生产、流通、消费各环节打通制约消费扶贫的痛点、难点和堵点,推动贫困地区产品和服务融入全国大市场"的总体要求。

在国务院扶贫办社会扶贫司的指导下,协会联合中国扶贫志愿服务促进会开展"社区的力量"消费扶贫攻坚战专项行动,广泛动员物业服务企业,整合多方社会力量,积极探索"以购代捐、以买代帮"的消费扶贫模式,以实际行动助力打赢脱贫攻坚战。"社区的力量"专项行动开展两年来,在全国 43 个地方物业管理协会、512 家物业服务企业的共同努力下,帮扶湖北、四川、广西、云南、贵州、甘肃等超过 45 个县域的建档立卡贫困户约 4000 户。"社区的力量——一斤市集"相继走进石家庄、重庆、成都、上海、深圳、杭州、合肥、广州等城市,有的在小区进行展示、试吃体验,有的现场举牌认购助农产品,有的组织业主微信群团购,有的将对口帮扶的农产品带进业主家庭,有的组织线上直播带货……五莲白桃、贝贝南瓜、云南人参果、广西红糯米、贵州白茶等农产品走进千家万户,小区业主回购率非常高,使得它们成为了"明星"农产品。国务院扶贫办党组成员、副主任洪天云,社会扶贫司司长

社区的力量·脱贫攻坚战之物业群英谱

沈建忠
中国物业管理协会会长

曲天军在"一斤市集·深圳站"进行现场调研时，对"社区的力量"活动组织形式给予充分肯定。

在2020年疫情严重的情况下，"社区的力量"聚焦"三区三州"的青稞产业，开展了"藏区青苗牵手计划"，通过青稞收购、用工等不同形式，帮扶定日、昂仁、桑珠孜区等地建档立卡贫困户3300户。2020年5月18日，"藏区青苗牵手计划启动暨首批认购集中签约仪式"线上直播会议在北京顺利召开，现场认购超过600亩。会上与帮扶对象定日县曲当乡中心小学二年级二班的普布普赤同学进行了视频连线，普布普赤告诉大家，自己很喜欢吃青稞糌粑，希望大家可以通过认购青稞来帮助他们摆脱贫困。与普布普赤同学的连线触动了很多人的心。6月开展的绘画大赛收集到绘画作品780幅，最终获胜的参赛作品用在青稞成品的包装上；9月、10月，分别组织80多名志愿者分两批前往西藏日喀则青稞基地，深度体验青稞种植基地、青稞加工；志愿者们分别与日喀则曲当乡定日县中心小学、桑珠孜区纳尔乡中心小学以及江当乡中心小学的1548名同学们建立了牵手关系。同时，在中国社会扶贫网开设专区，以月度为单位，公示所有认购订单和扶贫公益支出，接受社会各界的监督。

"社区的力量"消费扶贫攻坚战专项行动得到民政部社会组织管理局表扬，以及中国扶贫网、中国社会扶贫网和《中国社会组织》等官方媒体的宣传报道。2020年11月，受国务院扶贫办委托，由清华大学公共管理学院组成的消费扶贫重点案例调研组，对协会"社区的力量"消费扶贫攻坚战专项行动进行调研，给予了"'社区的力量'精准性、有效性、创新性方面符合重点案例的标准和要求，是一个非常精彩的案例"的高度评价。这既是对物业管理行业的认可，也是对参与"社区的力量"活动的各地协会、会员单位和易居乐农等相关单位的充分肯定。

脱贫不是终点，而是新征程的起点。十九届五中全会审议通过的《中共中央关于制定国民经济和社会发展第十四个五年规划和二〇三五年远景目标的建议》提出"优先发展农业农村，全面推进乡村建设"。贫困地区脱贫摘帽以后，许多地方仍然存在自然条件恶劣、基础设施条件差、公共服务短板突出、社会发展滞后、农村收入水平较低等突出问题，特别是西部一些地区，特色优势产业带动力弱、可持续性差，农民文化素质和自我发展能力偏低。需要推动脱贫地区在巩固脱贫攻坚成果的基础上将工作重心转到实现乡村振兴战略上来，加快改善乡村整体风貌，在乡村振兴中赶上来、不掉队。相信物业管理行业在乡村振兴中，一定有能力和机会提供更多的公益性、基础性服务供给，推进村镇管理的精细化水平，助推国家基层社会治理和美丽乡村建设。

举行业之力，进一步组织动员"社区的力量"，持续为发展壮大扶贫产业、振兴乡村作出新贡献，这是物业管理行业应有的责任和担当，也是一千万物业人的庄严承诺。我们一定会做到，而且一定会做得更好！

2020 年 12 月

社区的力量是脱贫攻坚战一道亮丽的风景

文 | 王家华

在国务院扶贫办指导下,"社区的力量"消费扶贫专项行动在全国掀起了以社区支持农业的消费扶贫浪潮。至 2020 年末,"社区的力量"消费扶贫专项行动捷报频传,榜单喜人,成为脱贫攻坚战一道亮丽的风景。

2018 年 2 月 4 日,习近平总书记提出:"产业扶贫要突出解决市场营销问题,在扶持贫困地区农产品产销对接上拿出管用措施,推动特色产业持续稳定发展。"

自 2017 年始,国务院扶贫办就围绕着消费扶贫陆续开展了一系列工作,2020 年 2 月,联合 7 部委发布的《关于开展消费扶贫行动的通知》(国开办发〔2020〕4 号)及国务院扶贫办《关于做细做实消费扶贫行动有关事宜的通知》(国开办发〔2020〕11 号),2020 年 9 月 1 日,中共中央政治局委员、国务院扶贫开发领导小组组长胡春华出席了在中国社会扶贫网举行的"全国消费扶贫月活动"启动仪式,再一次把消费扶贫工作推向高潮。各省(市)也在陆续开展消费扶贫工作,出台了各省实施方案;各行业也推出了各式各样的消费扶贫活动,社会参与度和民众热情都十分高涨。消费扶贫是社会各界通过消费来自贫困地区和贫困人口的产品,帮助贫困人口增收脱贫的一种扶贫方式,是社会力量参与脱贫攻坚的重要途径。大力实施消费扶贫,有利于动员社会各界扩大贫困地区产品和服务消费,"以购代捐"助力贫困地区打赢脱贫攻坚战,通过开展消费扶贫,打通扶贫产品销路,促进贫困地区扶贫产业的发展,"以销促产"形成长效机制,有效防止返贫。

国务院扶贫办建立全国扶贫认定产品体系,通过国务院扶贫办主管的服务于生产者、经营者、消费者的第四方平台——中国社会扶贫网对扶贫认定产品进行公示,

社区的力量·脱贫攻坚战之物业群英谱

王家华
中国扶贫志愿服务促进会副会长、中国社会扶贫网董事长

对消费扶贫数据进行直连直报、动态监测，围绕着"三专一平台（即专区、专馆、专柜、中国社会扶贫网网络平台），广泛动员社会各界力量，积极参与消费扶贫。

在探索消费扶贫渠道的同时，最有创新意义的莫过于发掘和发挥"社区的力量"。

众所周知，贫困地区的特色农作物，从种植、加工、仓储、物流到进入商店，在这样的产业及消费链上，"最后一公里"的关键就在于发动社区消费的力量，而分布在全国各地的住宅小区、办公楼、商务楼等等，是消费人群的聚集地，也是消费扶贫重要力量的所在地。为此，我们联合中国物业管理协会，借助物协会员单位力量，有效地动员全国成千上万个社区、数以千万计的家庭和单位，由易居乐农负责实施，在全国范围内开展了一场轰轰烈烈的、以社区的力量支持消费扶贫攻坚战的活动。其意义不仅仅在于助力深贫地区农产品销售，更是通过这样一场活动，营造了全民参与扶贫的良好社会氛围。

"社区的力量"消费扶贫攻坚战专项行动于2019年4月正式拉开帷幕。在中国物业管理协会持续有效动员下，在相关单位、企业的大力支持下，在"社区的力量"消费扶贫攻坚战专项行动持续两年期间，阶段性目标已经实现。截止到目前，完成了对于社区消费扶贫工作的平台搭建，通过线上便捷购买、线下试吃体验相融合的方式，在全国范围内广泛动员，累计带动全国43个地方物业管理协会、512家物业服务企业、31500个社区参与专项行动，覆盖3160多万户社区家庭，帮扶湖北、四川、广西、云南、贵州、甘肃等超过45个县域的建档立卡贫困户约4000户，取得了显著成效。

这本书里，详细记载了全国物业人积极投身脱贫攻坚战，千方百计组织动员社区的力量参与到消费扶贫行动的感人事迹。

2020年，是脱贫攻坚的收官之年。2021年，是乡村振兴的起步之年。"社区的力量"专项行动要继续动员社区的力量，为巩固拓展脱贫攻坚成果同乡村振兴有效衔接做出实实在在的贡献。

2020年12月

蚂蚁雄兵，力量无穷

文 | 朱旭东

2020 年，是一个注定载入史册的年份。

这一年，我们遭遇了突如其来的疫情，整个地球几乎都被新冠病毒肆虐，而中国经历了年初武汉封城、全国抗疫的各阶段，社会秩序稳定，经济发展稳进，成为 2020 年全球唯一 GDP 保持增长的国家。

除了抗疫的胜利，2020 年年底，人类历史上规模最大、力度最强的脱贫攻坚战，经过 8 年的持续奋斗，现行标准下农村贫困人口全部脱贫，贫困县全部摘帽，消除了绝对贫困和区域性整体贫困，近 1 亿贫困人口实现脱贫，如期完成了新时代脱贫攻坚目标任务，取得了令全世界刮目相看的重大胜利。

抗疫和脱贫的两大胜利，我们物业人都身在其中，全力以赴，功不在我，功必有我！

社区是一座城市的细胞，小则十几家大到上万户，组成了每座城市的有机体。而管理和服务这些细胞组成的有机体的，就是我们物业企业。

保安保洁保绿的三保大队组成了我们防控疫情的最后一道防线，24 小时的岗位坚守，风雨无阻的防疫工作，确保每一个小区能做到零感染。就算有漏网之鱼，我们物业人的及时反应和就地防控，也能把病毒消灭在最小范围。因为有严密的社区防控，中国成为了当今世界上最安全的地方。

同样，社区开门七件事里离不开"吃"。农副产品的消费也是社区家庭每天的功课。

2018 年起，中物协和易居乐农一起，在中国扶贫志愿者促进会的指导下，组

社区的力量·脱贫攻坚战之物业群英谱

朱旭东
易居中国联合创始人、易居乐农董事长

织全国的物业企业，通过手机互联网，把各大城市的社区和一个个贫困县链接在一起，从田头到社区，把来自贫困地区的农副产品直接输送到居民家门口、餐桌上，以买代捐，以购代帮，通过一家一户的日常消费，解决农产品的最后 100 米，来帮助贫困地区实现销售，增加农民的生产收入，脱贫致富。

两年多来，社区助力脱贫攻坚的行动，遍布了上海、北京、深圳、广州、成都、重庆、武汉、长沙、合肥等 44 个城市，先后参与行动的物业企业 512 家，覆盖了近 31000 个城市社区，成千上百万的居民家庭为脱贫攻坚做出了自己的贡献。这贡献里，小到几块钱，大到数十万，涓涓细流汇成了消费扶贫的洪流，帮助了 45 个县域的近 4000 户建档立卡贫困户实现农产品的销售，脱离了贫困。

2020 年，在疫情肆虐的情势下，我们物业人还是斗志昂扬，一手抓小区疫情防控，一手抓社区消费扶贫，集中力量发起了"青苗牵手计划"，认购西藏日喀则一亩青稞地，帮扶当地一名藏区孩子解决营养午餐的困难，完成一年学业，健康长大。全年，我们近百家企业认购了"1000 亩+"的青稞地，帮扶了日喀则当地两所小学 1000 多名藏区孩子。

扶贫不分你我，助力无论大小。我们每一个社区、每一户家庭就像一只小小的蚂蚁，今天汇聚在一起，用我们每个人微小的力量，撑起了脱贫攻坚的一面旗帜，那就是"消费扶贫从社区开始"。

今天，在完成脱贫攻坚任务的时刻，我们选取了 30 个作为我们"社区的力量"的代表，讲述他们的故事，就是为了铭记这样一种精神：蚂蚁雄兵，力量无穷！

2020 年 12 月

目录

一

THE

POWER

OF

THE

COMMUNITY

序

把好事做实　把实事做好
沈建忠

社区的力量是脱贫攻坚战一道亮丽的风景
王家华

蚂蚁雄兵，力量无穷
朱旭东

I

扶贫，要以钉钉子精神反反复复地去抓
访中国物业管理协会副秘书长、合肥市物业管理协会会长程纯洁　/ 3

"做有温度、负责任的消费扶贫代言人"
访碧桂园服务执行董事、总裁李长江　/ 9

扶贫帮助，更需要构筑长效机制
访绿城服务集团董事会副主席杨掌法　/ 16

探索多种模式　推动消费扶贫
记"世茂服务"积极投身脱贫攻坚战　/ 24

"帮穷乡僻壤切实解决问题，都是值得付诸行动的"
访上海市物业管理协会常务副会长周宏伟　/ 29

企业能感悟到更多善的力量
访湖南省房协常务副会长兼秘书长宋泷　/ 35

II

我们要承担应尽的扶贫责任
访长城物业集团总裁助理余颂东　　　/ 43

用"心"去做公益，肩负应有担当
记深圳市龙城物业管理有限公司　　　/ 49

"对于扶贫，我们将一如既往，永远在路上"
访广州粤华物业有限公司董事长李健辉　　　/ 55

鱼渔同授，书写扶贫攻坚的抒情长诗
记深圳明喆物业集团　　　/ 60

"善其身，怀天下"，是企业应有的眼光和情怀
访上实服务董事长朱云飞　　　/ 64

消费扶贫见证社区的力量
访安徽创源物业管理有限公司董事长周平珍　　　/ 71

"扶贫其实也是一种双赢"
访上海保利物业酒店管理集团有限公司总经理张军　　　/ 77

"以购代捐"是长久之道 "授人以渔"乃扶贫之本
访安徽省长城物业管理有限公司副总经理窦舜　　　　　/ 84

专注医院后勤一体化服务 将抗疫与扶贫充分结合
访合肥美而特物业服务有限公司董事长常征　　　　　/ 90

"扶贫，是一种理想"
访安徽信达建银物业管理有限公司总经理霍建忠　　　　　/ 97

"扶贫是一种红色担当"
记开元物业以消费扶贫彰显红色情怀　　　　　/ 103

做社区与农户间的"绿色爱心桥梁"
记"社区的力量"消费扶贫战役里的奥园物业　　　　　/ 109

当好农户和业主心中的"老房管"
访首华物业公司总经理助理庄万存　　　　　/ 114

物业人的"星火"公益路
访保利(广州)物业发展有限公司助理总经理程恒毅　　　　/ 123

扶贫助农　挽手筑梦
记合肥阡陌物业服务有限公司董事长田振雨　　　　/ 128

从试吃开始,爱心在汇聚扩散
访安徽省鹏徽市场管理服务集团有限公司总经理高燕　　　　/ 133

让爱的光芒,照耀到每一个需要温暖的地方
记安徽新亚物业管理发展有限公司热心扶贫三步曲　　　　/ 139

热心公益是回馈社会最直接的方式
记扶贫攻坚战中的明德集团　　　　/ 144

吹响"冲锋号",打赢一场消费扶贫战
记浙江亚太酒店物业服务有限公司　　　　/ 149

扶贫路上,做一个守望者与开拓者
记杭州滨江物业管理有限公司董事长兼总裁朱立东　　　　/ 154

尽己所能,为国家扶贫事业添砖加瓦
访上海景瑞物业管理有限公司总经理陶敏　　　　/ 160

"带一斤回家",多么美好
访四川悦华置地物业管理有限公司董事、总裁黄峻　　　　/ 166

他们的爱心脚步不曾停歇
记合肥市新华物业推出精准扶贫"组合拳"彰显社区力量　　　　/ 172

扶贫是雪中送炭,也是潜移默化
访上海益中亘泰(集团)股份有限公司副总裁陈荒明　　　　/ 177

让扶贫之花结出希望之果
记高速地产物业扶贫党建与生产经营深度融合　　　　/ 183

让社区消费扶贫成为一种新的消费循环
访旭辉永升服务执行董事兼 CEO 周洪斌　　　　/ 188

创造"三多"模式　助力精准扶贫
记鑫苑科技服务集团有限公司　　　　/ 194

科技赋能，助力打赢扶贫攻坚战
记合生活科技集团总裁夏冠明　　　　/ 199

IV

社区扶贫也需"精准"策划
访上海中建东孚物业董事长李青　　　　　/ 207

从精准扶贫迈向长效扶贫
记深圳市天健城市服务有限公司　　　　　/ 213

爱心牵手　公益乐行
记恒辉物业积极投身脱贫攻坚战二三事　　/ 218

"扶贫是人生中必须要认真做的事"
访深圳市深华物业集团有限公司副总经理刘辉　　/ 223

从田间直通餐桌：消费扶贫不再是简单的"施与受"
访北京国基伟业物业管理有限公司运营管理副总经理赵艳杰　　/ 230

扶贫路上有我参与
天鸿宝地践行社会责任，为扶贫事业贡献一份微薄之力
记北京天鸿宝地物业管理经营有限公司　　/ 235

抗击疫情，精准扶贫，两手抓，两不误
访上海吉晨卫生后勤服务管理有限公司董事长黄晨　　/ 239

打好精准扶贫"组合拳"　做业主满意的红色物业
访湖南中建物业服务有限公司党总支书记、总经理黄琳　　/ 245

涓涓细流汇成大海　点滴善举成就大爱
记安徽辰元物业管理有限公司　　/ 250

饱含深情，关爱雪域高原的儿童
记浙江祥生物业用"温暖的心"助力脱贫攻坚战　　/ 255

V

探索电商扶贫新模式，打通消费"最后一公里"
访河北丰宁满族自治县商务局局长王兴起　　　　/ 263

荒田就这样变成了收益
访四川省平武县商务和经济合作局副局长何洋　　/ 270

"柿子的全身都是宝！"
访富平县曹村镇渭鸿金果柿业有限公司总经理张文全　/ 276

小杂粮，大产业
访山西忻州代县勾三杂粮有限公司总经理勾智飞　/ 281

独臂花木兰：一只左手带动全村致富
访贵州关岭自治县沙营镇纸厂村村委会副主任张兴燚　/ 286

I

"全面建成小康社会,一个也不能少;共同富裕路上,一个也不能掉队!"

物业人,社区建设的直接参与者,百姓心目中的"管家",如今还成为了基层脱贫攻坚行动的有力组织者和落实者。当党中央、国务院吹响了打赢一场脱贫攻坚战的冲锋号角,在国务院扶贫办指导下,各地物业管理服务企业积极响应中国物业管理协会和中国扶贫志愿服务促进会的号召,在"社区的力量"消费扶贫专项行动中做好"最后一公里"的动员、推广与落实,谱写了一支支团结就是力量、人心齐泰山移的"蚂蚁雄兵"之新曲。

扶贫，要以钉钉子精神反反复复地去抓

访中国物业管理协会副秘书长、合肥市物业管理协会会长程纯洁

文 | 范慧茹　　图 | 牛雨

上世纪80年代初只身来到湖南求学的程纯洁，在那里完成了大学学业。出生、成长于安徽的他，不曾想过这仅仅是他身在异乡10余年的"起点"。

大学毕业后，程纯洁留校工作了一段时间，后来有机会被组织选派担任湖南怀化一个贫困县的领导。在那里，他看到了山区贫困一隅。身为农家子弟，他对乡村感同身受。他说："80年代的大米卖一块钱一斤，什么时候能卖到二十块钱一斤，我就高兴了，就说明农民富裕了。"

他决心在这里施展理想和抱负，从此也埋下了投身扶贫的种子，这一干就是10余年。

后来，他从湖南辗转回到安徽，从事物业行业，一晃又度过20余载。程纯洁现在是中国物业管理协会副秘书长、合肥市物业管理协会会长，但他从未忘记过自己的初心，"扶贫"是他对公益事业的执念。他先后参与过无数次大大小小的捐款捐物等扶贫工作，也获得过不少荣誉证书，却总觉得还"少了一些什么"。

2019年4月，中国物业管理协会下发了《关于开展"社区的力量"消费扶贫攻坚战专项行动的通知》，借力城市社区，开展消费扶贫。

这让20多年来"单打独斗"从事扶贫行动的程纯洁找到了一个有力的新抓手，通过集中地组织、宣传，发掘社区的力量形成巨大的扶贫合力。用"以购代捐""以买代帮"等方式购买贫困村和贫困人口的产品与服务，由此带动贫困地区从根子上摆脱贫困。

"授人以鱼，不如授人以渔"，这正是程纯洁多年以来一直期盼的。他抑制不

程纯洁
中国物业管理协会副秘书长、合肥市物业管理协会会长

住内心的激动，逐渐提高音量："我一个人捐款、捐物，力量总是有限的，而且对于贫困地区的人口来说，捐款捐物并不能从根本上解决他们的困难。通过消费扶贫的方式带动当地的经济发展，这是一种进步，也是可持续的、行之有效的。"

程纯洁迫不及待地投身这一工作。他相信，积极开展"社区的力量"消费扶贫计划，能够打通贫困地区和合肥市民之间的"最后一公里"。

两天突破 1 万斤小目标

在程纯洁的带领下，2019 年年初，合肥市物业管理协会率先向全体会员企业下发了《关于开展"送温暖、献爱心"扶贫济困活动》的倡议，并积极开展"社区的力量"扶贫消费宣传工作。"一开始，我们几乎是跑遍了合肥所有的小区、物业公司，去耐心解释、宣传消费扶贫的重要意义"。

但刚开始的前几个月，收效甚微。很多小区业主是头一次接触"消费扶贫"理念，并不能爽气地接受，甚至，一度怀疑"消费扶贫"是否存在猫腻。

"社区的力量"消费扶贫行动发生转机，是在 2019 年的 8 月份。当时，程纯洁正在北京参加由合肥市物业管理协会和清华大学共同举办的"合肥市物业企业经营管理与领导力提升高级研修班"学习。

正当研修课程结束之际，程纯洁接到中国社区扶贫联盟杨秘书长的电话，说上海的消费扶贫农产品数量已经突破 10 万斤。这让身在北京的程纯洁坐不住了。他不甘落后，当课程一结束，立即马不停蹄地返回合肥，给自己立了个小目标：两天之内，消费扶贫的农产品突破 1 万斤。事实上，当时突破 1 万斤销售量的城市除了上海，也是凤毛麟角。两天内实现 1 万斤的销售目标谈何容易，落实起来，其实压力不小。

程纯洁认真分析问题所在。针对部分小区业主对"社区消费扶贫"的疑虑，他当即决定选取 8 名业主代表，带他们到离合肥最近的扶贫点安徽南陵考察，让业主亲眼看到确实是贫困地区，农产品是从这里生产的，质量也是有保障的。

从南陵考察回来后，通过业主代表的口口相传，以及合肥市物业管理协会开展各种形式的宣传攻势，很快，消费扶贫工作瞬间在社区打开了一个口子，扶贫农产品销量形势急转，两天之内果然突破了 1 万斤；紧接着，又不断突破 2 万斤、3 万斤，让程纯洁看到了希望。

消费扶贫金额"力拔头筹"

社区消费扶贫工作很快有了起色,程纯洁却并不满足,而是奋力追击,意欲赶超上海。

在走访当地社区、宣传消费扶贫过程中,程纯洁发现:出入办公楼的"上班族",似乎比小区业主的消费能力和购买能力大很多,"因为办公楼里很多人在下班回家时分会选择带点食材回去,作为白领阶层,他们的消费能力和对消费扶贫的理念接受度更高"。

在捕捉到这一"发现"后,合肥市物业管理协会的消费扶贫工作开始向办公楼转移。果然,捷报频传,商务楼消费扶贫工作进展突飞猛进,引得其他城市纷纷效仿学习,就连中物协王会长也来问他"个中的秘诀"。程纯洁毫不吝啬地奉献了自己的探索和经验。

与此同时,合肥市物业管理协会又再次下发了《关于在合肥市物业管理行业进一步推进消费扶贫工作》的通知,要求各会员企业充分整合并利用物业服务企业的社区资源优势,积极参与到"社区的力量"消费扶贫攻坚战等活动。

截止到 2019 年底,合肥物协共组织 47 家物业企业向陕西临潼、湖北竹溪、四川浦江等贫困地区的农户购买大米、土豆、红薯、甜瓜、白桃、板栗等农产品,扶贫金额达 3,964,493.62 元,扶贫斤数达 660,963.75 斤,位居"全国消费扶贫荣耀榜"的第一位。

"冠军"的宝座来之不易。程纯洁动容地说:"合肥无论从业主的消费水平、物业公司的数量和整体的经济实力以及城市的经济水平看,在全国都排不上前列,但是我们却做到了消费扶贫的销售量领先。这靠的是我们齐心协力,做事认真,靠大家的觉悟和团结。"

此外,程纯洁提到最多的是对贫困的感同深受。他说:"安徽以前也经历过贫

社区的力量合肥站启动会市集现场

困,包括我个人以及这些物业企业,他们更容易将心比心,并将这种觉悟转化为扶贫行动。"

谈及此,程纯洁自豪地说,在今年"社区的力量——藏区青苗牵手计划"中,合肥物协共组织 47 家物业企业认购了 265 亩,认购金额 1,802,000 元。其中,安徽创源物业、合肥美而特物业各认购了一个班级(42 亩),而全国认购一个班级的只有 3 个物业公司,合肥占两个。

2019 年 12 月,在中国社区扶贫联盟第二届理事大会上,合肥市物业管理协会荣获"社区的力量"消费扶贫组织创新奖,而协会会长程纯洁荣耀当选为中国社区扶贫联盟副主席。

严把质量关 扶贫不盲扶

截至目前,合肥的社区消费扶贫成绩在城市龙虎榜上仍然保持"排名第一"。"今年稳保前三名,应该是没问题的。"程纯洁信心满满地表示。

"社区消费扶贫"比的不是短跑,而是长跑,未来还有蛮长的路要走。对此,程纯洁始终坚守的一点,是严格把控扶贫产品质量关。他说:"消费扶贫的本质还是消费,只有将真正好的、质量过关的农产品推荐给城市消费者,消费扶贫事业才能持续下去。"

在他看来，消费扶贫是带动贫困地区经济发展的纽带，并不意味着消费者要"照单全收"。对质量的把控，可以促使贫困地区生产质量和服务水平的提升，也是对消费者权益的维护，这样的消费扶贫才能实现持久和长效机制。"此外，我们还要替消费者严格甄别真假，让那些真正来自贫困地区生产的优质农产品通过我们的渠道，走向千家万户"。

对于"社区消费扶贫"，程纯洁希望未来有更多企业和个人加入这项行动。他说："如果既能买到纯天然优质农产品，又能献出一份爱心，一举两得，人们何乐而不为呢？"

问：合肥社区消费扶贫取成绩显著，您认为主要得益于什么？

答： 第一是得益于有效的宣传、组织和推动，我们深入高校、物业公司、社区，耐心而广泛地解释扶贫的重要意义；第二，是带领业主实地考察扶贫点，提高信服力，赢得社区业主的支持和理解；第三，在商务楼、办公楼寻找到了突破口；还有最重要的一点，就是离不开所有物业企业的大力支持和团结合作。

问：2020年以来，合肥物协工作有哪些"亮点"？

答： 2020年，合肥物协以消费扶贫为抓手，以销售扶贫产品为重点，采取得力措施应对新冠肺炎疫情影响，助力城市"菜篮子""米袋子"的有效供给，通过扶贫协作、经营主体参与、社会组织参与等方式，促进贫困地区扶贫产业健康发展。截至目前，合肥共组织52家物业企业持续扶贫，扶贫金额达3,964,493.62元，扶贫斤数660,963.75斤。

问：您喜欢这一公益事业吗？是否还会继续坚持去做？

答： 扶贫助农这件事，需要政府、社会和企业共同发力，形成合力，把消费扶贫变成"人人皆可为"的事情。我想引用习总书记的一句话："这件事我要以钉钉子精神反反复复地去抓。"接下来，我们将继续加大宣传动员的力度，让更多物业人切实地参与到消费扶贫行动中，努力创造更好的环境，把扶贫工作真正落到实处！

"做有温度、负责任的消费扶贫代言人"

访碧桂园服务执行董事、总裁李长江

文 | 林涛

淡淡的秋日下，宛若垂直花园的碧桂园服务总部大楼，昂然矗立，格外夺目。

我从黄浦江之滨乘机赶赴毗邻广州的佛山，采访"碧桂园服务"执行董事、总裁李长江，源于李总领导的这家著名物业管理企业，在乐农社APP"2020年社区消费扶贫排行榜"上，以扶贫业绩独占鳌头。数字自然是傲人的，我更感兴趣的却是数字背后的"必然性"。

众所周知，碧桂园服务，无论"在管面积"还是"上市总市值"，都当仁不让地坐上了全国物业管理行业的"头把交椅"，堪称头部企业阵营的"头部"。而他们在并非主业的"社区消费扶贫"方面同样勇执牛耳，又是为什么？这是我此次想探寻的内情。

步入碧桂园服务总部，得知"李总正忙"，我先参观了碧桂园服务总部展馆。一幅幅生动的展品给了我这样的鲜明印象，即名满天下的碧桂园服务在创业初期就给公司"埋"下了公益种子，而这颗种子随着企业不断茁壮成长，如今根深叶茂，硕果累累。

碧桂园服务是一家独立上市企业。他们的扶贫济困主要围绕"4+X"模式进行："4"指党建扶贫、就业扶贫、教育扶贫和产业扶贫，"X"是各个子公司的自选特色。

"这是一个可造血、可复制、可持续的扶贫模式。"李总介绍。

碧桂园服务，便是在这样"一盘棋"的格局下，努力发挥物业管理企业的自身特点，广泛动员和利用规模庞大的社区业主和员工群体的力量，进行各种积极有益的探索。

李长江

碧桂园服务执行董事、总裁

具体聚焦于"消费扶贫",李总介绍,碧桂园服务于2018年底率先响应并积极加入中国物业管理协会、中国扶贫志愿服务促进会、中国社区扶贫联盟"社区的力量"消费扶贫脱贫攻坚战专项行动。为推动消费扶贫在碧桂园社区的落地,他们一下子提报了1138个社区参战,很快显示了规模上的优势。与此同时,他们发起"社会扶贫共同体",发动业主、客户、合作伙伴和员工多股力量汇聚到消费扶贫行动中,成为一支非常引人注目的"排头兵"。

2019年7月—12月,碧桂园服务联合了碧乡、凤凰会和易居乐农三大平台,开展"金芒行动""金桃行动"以及"爱在东乡"活动,将广西田东、江西井冈山、甘肃东乡等贫困县的特色农产品,通过以买代捐推向消费者,推广累计总金额为603.66万元,推广数量以48.11万斤排名全国第一,其中推广东乡羊475.99万元(约3008只),桂七芒果超60万元,直接帮助贫困地区农户打开销售渠道,实现增收脱贫。

而在"党建扶贫""就业扶贫""产业扶贫"方面,可圈可点的业绩也十分突出。譬如2019年,碧桂园服务通过持续精准帮扶9省14县贫困地区贫困户就业,全年基层岗位累计录用467人、入职307人,其中建档立卡户录用105人、入职53人。他们积极探索与广东英德市、甘肃东乡县的产业扶贫模式,通过在贫困县争取城市服务项目,成功与英德市政府签订战略合作协议;与东乡县经济开发区管委会签约沿洮河经济带项目;与西藏德琴阳光庄园成立合资公司,推动藏区扶贫产品生产与销售。未来将通过产业扶贫项目帮助当地有效解决当地就业问题,参与实业建设,开展就业技能培训,实现城乡融合、产业振兴。而2020年,在脱贫攻坚战决胜和收官之年,碧桂园服务持续开展"社区的力量"消费扶贫攻坚战,聚焦"三区三州",积极响应"一个社区一亩青稞田,一个家庭一名藏区娃"的倡议,签约认购青稞田39亩,定点结对帮扶日喀则市定日县曲当乡中心小学五年级一班。另一方面,他们继续联合碧乡、凤凰会,在去年"金桃行动""金芒行动"扶贫产品推广工作的总结经验基础上,进一步深化推广,将广西田东县桂七芒果、江西井冈山锦绣黄桃以及东乡扶贫月饼,送至千家万户,迄今累计推广总金额287.6万元。再次启动的甘肃东乡羊推广,截至12月1日,实现销售3418只,合计551.7万元。战绩排在全国物业企业消费扶贫排行榜第一名。

碧桂园服务的扶贫济困主要围绕"4+X"模式进行:"4"指党建扶贫、就业扶贫、教育扶贫和产业扶贫,"X"是各个子公司的自选特色

  李总表示,碧桂园服务并不止步于目前的成绩,将继续探索"产业扶贫"新模式,包括将城市服务与城市治理结合,开展城市全方位合作,参与扶贫产品生产与销售,提供城市公共服务解决方案,等等,其中不少做法突破了传统社区物业服务观念。"我们希望,通过城市服务(或县域公共服务)战略合作,搭建'政府＋物业公司＋扶贫团队＋农村／贫困家庭'四位一体扶贫模式,建立以物业为枢纽的可持续发展扶贫模型,以贫困乡村建设带动贫困家庭增加收入,促进城市服务提升、贫困劳动力就业、农产品直达社区消费等等,构筑政、企、村、农全方位、一体化合作可持续发展道路,实现公共服务、相关产业、就业、消费多方面相互促进,达到共管、共治、共享的格局。"诸多"想法",显示了他们不一样的视野和高度。

据悉，碧桂园服务开展消费扶贫活动的"精准度"非常高。譬如，近三年来，他们先后帮助山东日照市五莲县、广西百色市田东县、甘肃临夏回族自治州东乡县等贫困地区推广了国光小苹果、桂七芒果和东乡羊等扶贫产品，聚焦的扶贫对象清一色是建档立卡的贫困户。2018年，他们与山东日照市五莲县精准结对，也是认准了采购贫困户自产的国光小苹果，发动碧桂园服务全国100多个城市社区的业主和员工参与，以吃贫困户自产的苹果为荣。如此以购代捐、产销相结合的扶贫，在碧桂园社区及团队发挥得淋漓尽致。李长江介绍说：为了让好事做出"口碑"，尤其对整个链上影响品质的几大关键点都要特别重视，因为产品直通的是社区，面对的是广大业主的爱心，其产品本身的品质，以及物流的畅通、售后的跟进等等都不能疏忽，绝不能透支消费者的爱心。他表示：我们要做有温度、负责任的消费扶贫代言人！

问： "社区消费扶贫"一年多来，贵公司有无遇到棘手的事情？如何解决的？

答： 我们始终秉持一个情怀做扶贫，即"做政府脱贫工作的有益补充"。这方面，我们思考的是如何让更多的社区业主认识扶贫、参与扶贫，让社区业主和客户，让我们的合作伙伴共同参与进来，形成"社会扶贫共同体"。事实上，在推广扶贫产品中曾经发生产品到达社区、到业主手中时存在"残次品"。对此，我们联合碧乡、凤凰会充分做好售后服务，对凡是出现任何客观原因造成产品品质问题的，会第一时间给予客户退换货甚至补偿，确保客户满意。事实上，这方面"局势良好"。这两年推广的贫困县产品，品质都有绝对保证，尤其是今年的桂七芒果和黄桃，客户的口碑反响和认可度呈良性，复购率也较高。

问： 新冠疫情肆虐期间，"社区消费扶贫"工作是否持续？

答： 疫情期间，碧桂园服务的扶贫工作一直在持续进行的。今年上半年，我们积极响应"藏区青苗牵手计划"专项行动计划的号召，认购了青稞田39亩，并定点结对帮扶日喀则市定日县曲当乡中心小学五年级一班39名藏区贫困学生，通过认购青稞田结对帮扶藏区儿童，助力儿童健康成长。与此同时，我们联合广东国强公益基金会、碧乡农业，从扶贫产地采购了 400 吨关爱社区生活物资超 600 万元，捐助给武汉市物协、湖北省物协，支持武汉、湖北物业服务行业一线员工开展抗疫工作，精准投放到湖北武汉、随州、宜昌、咸宁、荆州、孝感、鄂州、恩施、黄冈、黄石、襄阳等 14 个地市州的各个物业小区，将大米、面粉、果蔬、干货等多种暖心物资免费派送给社区业主、困难户、孤寡老人、被隔离人员、一线医护人员以及公安民警、街道居委社区工作者、物业企业一线服务员工等，惠及 14.6 万户家庭。抗疫期间，我们多个物业区域自主自发地发动小区业主为扶贫乡村助销因疫情滞销的农产品，同时解决了业主买菜难问题。其中，韶赣区域帮助广东韶关菜农购销芥菜超万斤，助力雷州那毛村采摘和采购农产品共计 7.3 吨，解决了农户燃眉之急。

这期间，最令我感触深的，是前往西藏日喀则桑珠孜区的纳尔乡中心小学实地探访。藏区贫困家庭生活和藏区儿童学习的艰难，令我们感到肩负的担子沉甸甸的。

问：参与扶贫，给您或团队带来哪些改变？有没有新的思考？

答：我最大的感受是，大家对扶贫的认识更深了，更自觉地发动越来越多的人，

碧桂园服务持续开展"社区的力量"消费扶贫攻坚战，积极响应"一个社区一亩青稞田，一个家庭一名藏区娃"的倡议，签约认购青稞田 39 亩

力所能及地参与到扶贫攻坚的行动中去。作为一家有社会责任感的物业服务企业，未来我们会更深入参与到扶贫工作以及乡村振兴发展。我们也相信有优质的物业管理介入城镇，城市和农村面貌一定会发生不一样的新的变化。至于说到思考，我想，做扶贫首先要找到产生贫困的原因，找到根源，分析贫困现象，有的是因学致贫，有的是因病返贫，等等。国家和各地政府都在为脱贫攻坚做最后的冲刺，而扶贫却不是一蹴而就或一劳永逸的。扶贫是一项长期需要与之斗争的光彩事业、公益事业。我们也会一直坚持去做。

问：如果说扶贫这件事有了阶段性成果，这成果是什么？

答： 从我们的实践看，今年除了疫情期间支援湖北、帮扶西藏日喀则地区的贫困孩童，从 7 月开始，碧桂园社区持续帮助广西百色田东县、江西井冈山地区推广桂七芒果和锦绣黄桃，整个推广金额相比去年已经翻了 1.5 倍。从 11 月份开始，又帮助推广甘肃东乡羊。点点滴滴，累加起来，通过"社区的力量"专项行动，实现消费扶贫逾 860 万元。

由点推及到面，相信诸多贫困地区今年都能完成脱贫摘帽的目标。

与此同时，前不久，碧桂园服务先后与英德市政府、国强公益基金会联合签署了战略合作协议，与甘肃东乡县签约了沿洮河经济带项目。这是碧桂园集团帮扶英德市精准扶贫、乡村振兴工作取得阶段性成果的又一大重点合作领域，也是碧桂园服务直接参与产业扶贫、就业扶贫和乡村振兴工作的新方向和新领域。碧桂园服务在疫情环境的挑战下，多次组织专业团队赴英德广德园、清华园、英红园、连江口镇等地调研，并提出以高品质市政运维服务提升英德整体人居环境及市民幸福获得感；以专业化的设施管理及空间公共服务补短优化产业园区营商环境等一系列服务举措，助力英德市实现"山水融合、产业融合"发展模式的能级跃迁，整体城市提质增效的方案也获得了英德市政府的高度认同。未来，双方将重点围绕城市环境治理、市政公共服务一体化、城市空间运营、社区网格化服务、产业园区营商环境提升等城市大物业模式展开全方位合作。这也是成果，意义更大……

扶贫帮助，更需要构筑长效机制

访绿城服务集团董事会副主席杨掌法

文 | 林涛

杭州，毗邻西溪湿地，"绿城服务"总部坐落在一片绿荫里。

绿城服务集团，是全国物业管理领域的头部企业之一，以幸福生活服务商的愿景，运用专业化服务和信息化平台，将优质服务送至各地2000多个社区。而吸引我们专程前往杭州采访的，是他们不仅发动百万业主参与"社区的力量"消费扶贫，还积极带动整个行业加柴添薪，因而获颁全国消费扶贫企业贡献大奖，并再次荣膺中国社区扶贫联盟理事单位。

我们在电梯口遇见了刚刚送别客人的绿城服务集团董事会副主席杨掌法，随他进办公室后，便直奔主题，围绕"社区消费扶贫"打开了话匣。身兼中国物业管理协会副会长、中国社区扶贫联盟副主席、杭州市物业管理协会会长等职的杨掌法，性格直爽，快言快语，一聊起扶贫，如数家珍，言谈举止里有一股挥之不去的欣愉——这一点，让我着实感到意外：做扶贫做到由内而外倍感欣愉的境界，实属不易。

"扶贫，本来就是企业的应尽义务。"杨主席接受采访，开门见山，亮明观点。

随即，他介绍了近年几次访问贫困县的体验和思考。第一次是2018年秋天，为拍摄电视公益节目《我是带头人》去山西代县，以《非诚勿扰》名闻全国的主持界明星孟非也与他同行。代县地处僻远，他们乘飞机先到太原，再转长途车，路上辗转三个多小时，深入代县腹地。那儿山地和丘陵占了87%，属于欠发达地区。夜晚八九点钟，整个村一片静寂，访问农户得依靠手电筒的微弱灯光。他们深一脚浅一脚，在阵阵狗吠声里走访了多户人家，内心久久不能平静。他们无不感到"震惊"，因为亲身感受到地域辽阔的中国，东与西，南与北，城与乡，平原和山地，基于种

杨掌法

绿城服务集团董事会副主席

种原因，发展极不平衡。

代县有个隆辉种植社，专业种植赤松茸。这种野生食用菌个头大，色泽艳丽，肉质鲜嫩，经常食用能有效预防高血压、糖尿病、心血管疾病等，销路却不畅。他们只能安排专人跑到代县境内的5A级旅游景点雁门关一条街，摆摊叫卖，售价之便宜，使得游客压根儿不信世上还有如此价廉物美的新鲜松茸，甚至怀疑是农药催生的。其实，种植赤松茸的农民哪买得起昂贵的农药啊！看到景点摆摊叫卖也少人问津，杨掌法和孟非一商量，亮开嗓门吆喝：各位来看啊，优质有机赤松茸哎，买一百元获得孟非合影；买三百元与孟非签名；买五百元可以加孟非的微信……奇特的销售法，立刻将四周的游客吸引并聚拢过来，不消半小时，几筐赤松茸一售而空。

那次代县之行后，杨掌法拍板以兜底包销方式，认购以代县赤松茸为主的农特产品600万斤。很快，精包装的赤松茸等农特产品登入绿城服务集团旗下的绿橙便利店，走向了千家万户。

杨掌法谈毕雁门关亲历记，立即话锋一转，表达了更为理性的思考。

他认为，耕者有尊严，食者要健康，两者间互有需求。难点在于，山区种植户欲将自己的优质农产品拿到城里的超市去卖，不仅仅是交通、物流、包装等存在一道道屏障，"最后一公里"——想进入大城市的知名连锁超市，"门槛儿"很高，像一座难以逾越的大山。

"正因为许多山区产品进城的门槛儿很高，社区消费扶贫的价值便显现了。它利用电子商务进农村，解决了'门槛儿'的成本问题。与此同时，我们需要看得更远，要想方设法构筑更多长效机制。意欲填补城乡经济间的落差，创建长效机制是个关键。"

湖北恩施土家族苗族自治州，杭州市对口帮扶援建地区之一。当地农家几乎无人患癌，经科学家研究，这一现象跟当地人食用"富硒"农作物息息相关。富硒食物能防癌抗癌，北京、上海、杭州等城里人也需要它，却在超市很难找到。"中国有许多小地方，盛产健康农作物，"杨掌法兴致勃勃地介绍到，"像四川平武的菌菇、湖北竹溪的木耳等，我自己也会买。当地人叫'大山的馈赠'，而且很简单的烧法，水里泡下，炒个菜，或者炖个汤，就很美味。现代人大多血压高、胆固醇高,确实是需要这类健康绿色的原产地农作物。广西龙胜的胭脂米,用当地的山泉水浇灌,村民说是古代进贡皇家御用,一代代传下来的种植方法,微量元素和维生素基本是普通大米的7倍,颜色就像胭脂一样,煮个粥或者每天晚饭加一点,真的好看又营养。"

"所以啊,创建社区消费扶贫,发动城市中产家庭参与行动,从小处讲,解决了一县或一乡的产品滞销,实际上铢积寸累,就是在改善社会,改变中国。"

在"助力脱贫攻坚 杭州在行动"活动中,杨主席作为杭州市物业管理协会会长,号召兄弟单位一同行动。他回忆说,与企业家代表团去恩施时,是带着"如何建立扶贫的长效机制"问题去的。针对如何彻底解决偏僻地区农产品进不了城市超市的现实痛点,他想到过各种方法,试图构建各种"桥梁"。正因为有着这样的基础,当2019年中物协倡导"带一斤回家"的消费扶贫活动时,他"一拍即合"。

"这是一个创新之举,一方面充分利用了移动互联网技术,另一方面也发掘了物业管理公司的平台潜力,开辟了以消费扶贫的新模式。"杨掌法说。

由于事先做了充分准备,包括各种宣传造势,当在杭州推出消费扶贫活动时,在绿城翡翠城举行的启动仪式,受到了四面八方的支援和参与,并产生积极的连锁反应。启动仪式那天,中国物业管理协会会长沈建忠,杭州市人民政府副市长王宏,浙江省住建厅党组副书记、副厅长、一级巡视员应柏平,杭州市住房保障和房产管理局党委书记、局长周琪,杭州市各对口帮扶地区的党政领导干部也莅临现场参加,杭州的物业企业一呼百应。由于活动有效地拓宽了农产品产销对接渠道,探索了消费扶贫新模式,无论对于扶贫帮困还是乡村的"美丽家园"建设,都产生了深远影响。杨主席说:它构筑了一种"城乡互动生态",在这个生态里,种者积极性被调动了,有着不断扩大种植规模的积极性;而消费者也得到实惠,能享受到具有地方特色的农优产品。供需双方互惠互利,未来就能走下去。

绿城服务在消费扶贫方面，可谓硕果累累。

"我们还努力探索'产业扶贫'或'用工扶贫'。"杨掌法说。

噢，原来他们数次辗转山村后发现，城市里存在"用工荒"，许多公司找不足自己需要的熟练工；而山村呢，当地劳动力普遍存在富余，却出不来。个中缘由，主要是许多村民"不知道自己去了城市里能干什么"。当然，也跟他们的观念息息相关。山里人欲望简单，不习惯城里的加班加点工作。有不少人赚到些小钱过日子，入冬后宁愿晒晒太阳，心满意足。

杨掌法说，他去过广西、云南等，不少地方的年轻人二十岁普遍结婚，有了家庭和孩子。年轻的爸爸妈妈们下班后不是直接回家，而是约朋友下馆子吃喝玩乐。据有关机构统计，百威啤酒人均消费量最大的地方，不是北上广深杭等，而是西双版纳。"对此，我们不必去评判他们的观念优劣，但可以看出，帮助当地人培养更多的职业技能，鼓励他们多干多挣，是很有意义的。"也因此，他思考着，不仅要帮助他们将农产品运出来，将他们富余劳动力运出来，也要将先进技术、现代理念带进去，将城里的旅游人群带进去。"围绕这样的'双出双进'，能做的扶贫项目太多太多。"话语至此，杨总顺便介绍了自己的旅游观。他说城里人一逢长假短假，习惯去著名旅游景点"人挤人""人看人"，而他自己近几年的出游目的地，全然不是什么著名景点，而是几乎将整个浙江乃至附近省份的县域转个遍。

他透露，自己是杭州好友圈出游的"组织者"。遇到长假，他们"让"出杭州的西湖美景等给各地游客，而串联四五个家庭成员相伴去冷门的地方。"人数凑到一桌刚刚好，"他笑呵呵地介绍，"在我看来，逛杭州西湖不如逛浙江的县域，去神农架不如去恩施山区。我们去的地方，一到晚上，头顶上一片深邃而清澈的蓝色，看得到满天繁星……"

在浙江海宁，杨掌法度过了他的青少年时代。他念初中时有金庸的小说作伴，那时迷金庸迷到上课了在课桌下偷看，晚上熄灯后躲被窝看。高中时正逢"录像厅"盛行，在小小的、充满混杂暧昧气息的环境里，看《天龙八部》电视剧，度过了青春期的迷茫。大学期间，渐渐明白自己需要什么。"每个时代造就不同的精神气质"。他觉得，他们"这一代"已经成长为勇于担当，不负时代的中坚力量，尤

▲ 绿城人为村民出谋划策

▼ 在雁门关帮卖赤松茸

其自己所在的企业，一路发展离不开社会的信任和帮助，因而在自己有能力反哺社会的时候，则应该义不容辞投身公益。"

正因为如此，他们在精准扶贫的道路上，以党建为引领，践行"真扶贫，扶真贫"，扎实前行，从而打赢了一场又一场战役。前不久，绿城服务集团组织党员职工和业主代表飞赴青藏高原，体验青稞产地的仓储、加工等，并带着切身感受举行线上直播，打通"供给侧"与"消费端"。他们每卖出一份产品，就将帮扶一位藏区小朋友获得一周的营养早午餐。

在对接西藏的结对帮扶中，绿城服务出色地成为了现代"麦田守望者"。他们正是以自己的理想情怀和担当精神，去守护世界屋脊年轻学子的纯真和梦想。

问：杨主席，今年是全国脱贫攻坚的收官年，您怎么看待目前的扶贫成果？

答： 脱贫攻坚是国家战略，每个人都义不容辞，应当积极参与。我想，国家哪一天宣布脱贫攻坚取得阶段性成果，自然有科学依据的。而我认为，脱贫攻坚战役可以是阶段性的，但振兴乡村以及建设美丽家园则任重而道远。我们不会满足于以往脱贫攻坚过程中的一些数字，更在意许多乡村是否真正脱贫，城乡一体化发展有无构筑长效机制和互惠互利的生态，等等。事实上，"乡村中国"与上海、杭州差距是很大的，扶贫工作也不是一蹴而就的。

问：在缩小城乡差距方面，您有哪些计划或思考吗？

答： 首先，我们服从于整个绿城集团的战略。宋卫平董事长很早提出，要建设"比城市更温暖、比乡村更文明"的现代生活。那是一种怎样的生活？这是我们绿城服务一直在思考和探索的。绿城服务的物业管理是一个现代化平台，运用先进的智能化、大数据等技术，让业主们体会到与过去不可同日而语的幸福生活，包括安全、便捷、舒适、自由等等。与此同时，我们也致力于让业主们的社交生活、精神生活不断得以提升。绿城在服务的项目里有一个"乌镇雅园"，可容纳一万多人，是一座现代养老的桃花源，但也不局限于"养老"，它构筑的是更加幸福美好的生活。我们特别在乎业主的"幸福感"。至于缩小城乡差距，我想，在国家战略一盘棋的格局里，我们会尽力发挥物业管理企业的特点和作用，扶贫啊，公益啊，这些都是我们企业社会责任的内在需要，也是一种良好的文化基因。

问：对于脱贫攻坚，绿城服务的普通员工怎么看？

答：我们企业一直倡导"走正道"以及"共享共乐"。在公司内部非常强调如何做人，如何做事。脱贫攻坚、扶贫帮困，是践行我们公司核心价值观的一个个具体抓手。员工们不仅普遍参与，而且也表现出比较鲜明的主动意愿。这样的正能量给到每个员工的感召，是温暖的、有力的。公司内部建立了一些互助基金，每月从员工收入里拿出一部分，遇到哪个职工生活发生不测，或急需资金帮助，互助基金能有效地解决困难职工的燃眉之需。

探索多种模式 推动消费扶贫
记"世茂服务"积极投身脱贫攻坚战

文 | 齐乃聪

在脱贫攻坚战,尤其是消费扶贫助农中,有一支公益力量备受瞩目。

它们就是——"世茂服务"!

世茂服务,系世茂集团旗下综合物业管理及社区生活服务提供商,拥有超过15年的物业管理经验,位列中国物业服务百强企业第12名、物业企业品牌价值百强第8位。他们以"美好生活智造者"为品牌理念,在长三角、环渤海、珠三角与中西部四大核心高能级城市群拥有规模庞大的在管项目。近几年,他们在推动公司成长壮大的同时,也表现出强烈的社会责任,积极投身消费扶贫,关心西藏儿童成长,实施"藏区青苗牵手计划"成绩突出。

祝捷时刻的"纪录刷新"

2020年10月30日,世茂服务控股有限公司(简称"世茂服务")在香港联合交易所主板挂牌上市。在祝捷仪式的重要时刻,现场有一项特别环节格外暖人心头,即世茂服务认购"藏区青苗牵手计划"60亩西藏青稞地,对口帮扶60名西藏困难学龄儿童。

据悉,"藏区青苗牵手计划"是由中国物业管理协会主办、中国社区扶贫联盟承办的消费扶贫专项活动。世茂服务闻讯后也热情参与,以爱心行动为脱贫攻坚贡献一份力量。

在上市祝捷仪式中,中国物业管理协会会长沈建忠先生发表了致辞。他表示,物业管理行业正进行着不断的焕新赋能、转型升级,行业需要更多像世茂服务这样

叶明杰
世茂集团非执行董事、世茂服务执行董事兼总裁

的优秀企业，将领先的数字智慧技术与服务业务深度融合，努力构建从家庭、到社区、到城市的未来美好生活全景。"相信世茂服务依托资本市场，将进一步提升市场竞争力和品牌信誉度，成长为生活服务行业领军品牌，以更加优质的服务回报业主，以更加优异的经营业绩回报投资者和社会，走向更辽阔的舞台，在未来书写新的辉煌！"

正是在沈会长致辞中，人们得知，"世茂服务认购60亩青稞地，将帮扶日喀则市江当乡小学60名藏区儿童，改善他们的早餐和午餐"。世茂服务，是迄今为止全国物业管理行业中认购青稞地最多的企业，这一成绩刷新了"青稞地认购数"的榜首纪录。

为了感谢世茂服务为消费扶贫活动做出的贡献，沈会长及中国社区扶贫联盟公益大使庞元先生共同为世茂集团非执行董事、世茂服务控股执行董事兼总裁叶明杰先生颁发了青稞地认购证书以及中国社区扶贫联盟副主席单位铜牌。

世茂服务的青苗牵手计划后续推广，也富有创新。认购青稞只是爱心结缘的开始。以青稞为桥梁，世茂服务链接了世茂集团公益项目——"眼镜哥哥"关爱大病儿童健康爱心行动，利用社区资源开设公益集市或主题义卖摊位，向业主推介青稞产品，并推广世茂服务扶贫援藏公益项目，所得义卖善款将专门用于西藏大病儿童治疗。此外，世茂服务还链接时下网红咖啡店"熊爪咖啡"，助力消除贫困，关爱残障人士，让爱心加倍。凡到店的残障人士都将获得免费特调咖啡一杯及青稞产品一份，在冬日里送去双倍温暖。出色的创新策划折射出他们对消费扶贫的滚热爱心。

以"订单种植模式"助力脱贫

世茂服务的消费扶贫路，是从"带一斤回家"活动开始的。

作为行业领先、实力不凡的一家物业服务企业，世茂服务积极响应中国物业管理协会《关于开展"社区的力量"消费扶贫攻坚战专项行动的通知》精神，于2019

▲ 一举认购 60 亩西藏青稞地,刷新了"青稞地认购数"的榜单纪录
▼ 公益集市活动现场

年8月开展的消费扶贫专项活动，他们将"爱心消费、贡献力量""脱贫攻坚、携手同行""集中力量、持续扶贫"作为专项行动的宣传主题，采取各种宣传方式，全方位、多渠道地拓展信息知晓面。他们注重发挥党员干部"领头羊"作用，带动普通职工和广大业主的参与热情。他们还举行"小型集市"，应用易拉宝、电子屏等"助燃"气氛。此外，他们有效利用企业微信公众号、微信群等线上宣传渠道，使用公告栏、宣传栏、电梯广告、入口横幅、物业服务中心等线下宣传渠道，积极搭建销售平台，大力推进销费扶贫。

世茂服务所做的消费扶贫不止于此，他们探索的独特道路备受关注。世茂服务旗下新生活平台——SUNIT世集，利用自己的新零售渠道，与江西省安远县一心一田农业专业合作社搭建了帮扶之桥。安远县是国家原832个贫困县之一，那里山高路远，加上今年疫情的影响，果农们一度忧心于产品滞销。SUNIT世集得知消息后，立即采取措施，在"茂家APP"平台上帮助果农吆喝售卖赣南脐橙。在2020年11月11日至19日约一周的时间里，他们成功地销售了50000斤橙子，以收购或者劳务用工等方式，直接或间接地帮助了30多位农户，实现创收20多万元。而在消费端，城里社区的业主也感到十分满意，因为赣南脐橙属于赣州市的著名名特产品，那里土壤富有硒，脐橙品质属于"上乘"，深受消费者喜爱。

可以说，世茂服务在消费扶贫路上所留下的足迹是坚实的、清晰的，而所获的果实也是饱满的、丰硕的。世茂服务探索的消费扶贫模式，也是新时期消费扶贫的"样板"之一。

"帮穷乡僻壤切实解决问题，都是值得付诸行动的"

访上海市物业管理协会常务副会长周宏伟

文 | 林涛

初冬早晨，寒风刺骨。他早早出门，从上海长宁区天山路家里赶到坐落于徐汇区"衡复"历史风貌区复兴中路1333弄7号办公室。近两年，他不止一次提早上班，有关"消费扶贫"的事情也像本职工作那样令他牵肠挂肚。之所以对这项"额外"事务抱以热忱，是因为他心系千里之外，时不时会想到山高路远的贫困县有一双双眼睛在渴盼着。

"一说消费扶贫是帮助老少边穷人民，许多人都会伸出援手！"他跟我聊起消费扶贫，淡然一笑地说。从他言语口气里听得出，他认为城里人应该有一定的"觉悟"！

他叫周宏伟，上海市物业管理行业协会常务副会长，瘦瘦高高，戴一副斯文眼镜，讲起话来有条有理，做起事情雷厉风行。2019年12月，他所履职的上海物业管理行业协会，因为发动、组织协会会员参与"消费扶贫"成绩突出，在中国社区扶贫联盟第二届理事大会上被聘为中国社区扶贫联盟常务理事单位，并获得"社区的力量"消费扶贫组织创新奖。

回溯"组织创新"的过程，他侃侃而谈，让我们产生"历历在目"之感。

上海市物业管理行业协会诞生于1994年冬天。其主业，旨在发挥政府和市场之间的桥梁或纽带，包括宣传和贯彻国家和上海有关本行业的法律、法规和政策，协助政府主管部门进行行业调查和立法调研，参与行业政策和立法的论证和听证，制定并监督执行本行业的自律措施，以及倡导公平竞争，维护会员权益，针对行业的热点、难点问题开展调研等等。

周宏伟
上海市物业管理协会常务副会长

诚如《孟子》所言：不以规矩，不能成方圆。行业单位大小繁杂，最重要的是有"组织"参与调研、起草服务标准并实施监督。他们就属于这样的"组织"。

目前，上海物业行业从业人员接近百万，物业管理总建筑面积约10.5亿平方米。该协会拥有会员单位1700多家，其管理面积占到上海物业管理总面积的85%以上。这是一支庞大的社会力量，而更为庞大的，是他们所服务的对象，数以千万计。

"当党中央、国务院发出'扶贫攻坚'的总号令，我们就思考过，如何响应和行动。巧了，不久中物协发出'社区消费扶贫'号召，跟我们参与扶贫的意愿不谋而合。"周宏伟说。

不过，周宏伟也坦言，刚开始着手这项工作时，多少有点儿迷茫。

迷茫在哪儿呢？——以往没有做过，万事开头难！

说起以往的"扶贫"，小时候被灌输的"学雷锋、做好事"，成为一代又一代的集体意识，捐点儿钱、捐些衣物等等，多少都参与过。现在呢，中物协提出"消费扶贫",倡导一种掏钱买东西也是投身扶贫的新生事物,好新鲜啊。"这样的改革创新,方向肯定是对的,我们也坚决拥护,但道路怎么走,似乎云遮雾罩。"周宏伟表示。他举例说,离上海"老远老远"的不少贫困县盛产的土特产,大多产自无污染的生态环境,城里人是青睐的,但林林总总的东西,不能什么都要吧,不能"拿到篮里都是菜",而需要进行甄别。思维缜密的周宏伟当时就考虑到,有些蔬果是不适合远途运输的,否则从老少边穷产地运到上海,不变质才怪。而一旦采取冷链运输,物流、包装、冷藏等成本一叠加,城里人可能难以接受。

"出现在城里人跟前的扶贫产品,决不能因为运输、仓储等导致变质,冷却了都市消费者参与消费扶贫的一颗颗滚热的心。"他想到这些,及时、主动地跟负责供货的机构进行沟通,建议选择绿豆、蕃薯、南瓜等不易变质的产品列为首批爱心消费菜单。

话题转到"组织创新",周宏伟更是充满自信。

2019年4月,春暖花开。上海市物业管理行业协会接到中物协《通知》,首批提交"社区的力量"消费扶贫攻坚战行动参战书,毫不犹豫表达自己的意愿和态度。随即,他们在召开协会六届二次理事会上,邀请中国社区扶贫联盟主席朱旭东来到现场做宣讲。一时间,群情振奋,响应热烈,当天就有100多家企业开设线上扶贫助农店铺700余家,其中30家物业管理公司在会上获颁"上海市消费扶贫攻坚战首批参战企业"。"好事也出门,一时传四方"。随着更多的企业纷纷表示参与,他们酝酿了一个大行动——8月4日,在复瑞物业和上实发展物业板块管理的慧芝湖花园小区,举行了"上海市物业管理行业消费扶贫专项活动启动日"暨"社区的力量"消费扶贫攻坚行动"一斤市集"上海站活动。活动设置了1个主会场,16个分会场,100家物业管理企业、1200个社区、近百万居民共同参与。不得不说,这样的组织力量是巨大的,在专项活动启动日的当天,便一举实现销售农产品10万斤。

如此"开门红",令大家对社区消费扶贫增添了信心。

在强大的宣传推广助力下,越来越多的爱心凝聚和业主参与,使得农产品销售数据节节攀升。至2019年底,万众瞩目的"中物协消费扶贫城市排行榜"上,上海名列全国第三。鉴于这样的佳绩,上海市物业管理行业协会捧得"社区的力量"

消费扶贫组织创新奖可谓实至名归,而该协会也顺理成章被"中国社区服务联盟"聘为了常务理事单位。

迈入 2020 年。年初,一场突如其来的新冠疫情给整个世界蒙上阴影。所幸,犹如星星之火的社区消费扶贫依然在各个小区不断"蔓延",体现了"病毒无情,消费有情",各会员单位的销售额仍然在不断增加。当 7 月暖阳一时驱散了阴影,上海市物业管理行业协会不失时机地发布《关于积极开展 2020 年度本市物业管理行业助力脱贫攻坚公益活动的通知》,号召所有会员单位积极投身于"藏区青苗牵手计划"专项消费活动和其他各项扶贫工作。

这一年的消费扶贫成绩毫不逊色于 2019 年。截至 2020 年 11 月 20 日,在"乐农社 APP"的龙虎榜上,我们查知,上海市物业管理企业积极投身"社区的力量"消费扶贫活动,当年总销售金额为 424.2 万元,消费扶贫所购买的农产品约 58 万斤。"当然,这个数字是动态的,随着时日延续,还在不断地累加。"周宏伟说。

据周宏伟介绍,他们积极参与中物协组织的消费扶贫,只是响应国家脱贫攻坚战号召的一部分。在此之外,他们还参加了不少相关活动。譬如,自 2018 年起,他们动员会员单位参加"青春聚力量,圆梦在行动"微心愿扶贫工作,这也令他们感到"义不容辞","非常有意义"。受助对象清一色是上海市对口援建的云贵高原贫困地区建档立卡户的在校学子。"当地的孩子若有买篮球、书包、图书、乒乓球拍等心愿,都可以表达出来,而我们会员单位会热忱满足云贵小朋友的心愿,每人受助 350 元,迄今受惠学生已达 2352 位。"这项爱心公益活动与社区消费扶贫并行不悖,已经坚持了 3 年。"微心愿"认领金额约 100 万元。

他们还探索"教育扶贫",联系和发动贫困地区的学生来上海房地产管理学校接受职业培训。此外,协会还带队前往云南南部,以李仙江、曼老江、勐野江三江环绕闻名于世的江城,在那个地处横断山脉、地形起伏大、切割深的贫困县,开展扶贫帮困。具体而言,为了帮助那里品学兼优的学子顺利完成学业,激励优秀学生奋力进取,他们设了"助学基金",迄今一共投入 32 万元,在当地学校影响颇大。他们还向国庆乡新寨小学、嘉禾乡联合小学一次性捐赠价值 3 万元的 12 台热水器,一举解决学生宿舍存在多年的"用水难"。

"一斤市集"上海站活动

"扶贫工作是一件大事,可以探索各种模式,譬如消费扶贫、教育扶贫、产业扶贫等等,只要真正帮穷乡僻壤切实解决一些问题,都是值得付诸行动的。"周宏伟表示。

问: 你怎么看待"社区消费扶贫"?有什么建议吗?

答: 这个模式非常好,很有意义。从"在线"销售情况看,城市业主啊,办公楼白领啊,都普遍接受这样的理念。这个比纯粹的捐款更好更透明,就在于参与者知道自己的付出派啥用场,用处是"看得见、摸得着"。如果想将"消费扶贫"做得更好、更加持久,关键是对老少边穷地区的产品作有效甄别,尽量选择那些体积不大、易于运输和仓储的特产,这个长期供应应当会受到欢迎。

问: 恕我冒昧,我想知道,你本人在"乐农社APP"买过东西么?

答: 当然。我们召集理事会发出动员,自己也要"尝尝"消费扶贫的滋味啊。

"青春聚力量 圆梦在行动"现场

我买过不少东西,小南瓜啊,红蕃薯啊,等等。协会理事会成员也都踊跃购买。有的单位工会原本就有福利金,以往发放劳防用品,如今用来参与"消费扶贫",也可谓"一举两得"了。

问:你觉得"消费扶贫"还有哪些工作可以开拓?

答:嗯,我觉得后续有些工作我们可以尝试去做。譬如,我们与贵州一些欠发达地区建立了对口支援的关系。他们山区出产的产品也很有特色,过去"帮扶"形式是一对一,现在可以探索"多对多"。这是互联网新技术带来的便利。当然,由于农产品属于"入口"的食品,质量是第一要素。消费扶贫模式是否得以深化发展,这是一个关键因素。

企业能感悟到更多善的力量

访湖南省房协常务副会长兼秘书长宋泷

文 | 姜浩峰

"帮湖南,卖全国,线上线下相融合"。这是2020年9月22日,在位于湖南省长沙市雨花区西湖路的湖南省消费扶贫示范中心传出的一个画面。宋泷看到这个画面,颇为感慨:我们的社区扶贫项目,一方面让藏区青稞推介到湖南的业主手中,另一方面,又让湖南的一些原本不为人知的农产品成了新晋网红,销往全国各地。"这都是在做善事啊!"他说。

身为湖南省住房和城乡建设厅行业党委委员,省房地产协会常务副会长兼秘书长,宋泷的工作千头万绪。特别是2020年,在新冠肺炎疫情防控方面,宋泷身先士卒,先是在内部建立微信工作群,采取网络与电话交流的方式开展工作,再是靠前指挥,到现场指挥防疫物资的调配,为会员单位筹措口罩。2月7日,宋泷在安排疫情防控工作时,手一直压在腰上。身边的工作人员问他,是不是1月份手术部位还没恢复。宋泷回说,并不是,而是腰痛了好几天。又过了几天,直到身体实在坚持不住了,宋泷才去就医。原来,是腰椎间盘突出。

就算是这样的身体情况,宋泷仍热情地投身于"社区的力量"扶贫工作,协调各房企的参与。在他看来,"社区的力量"所作的,不仅仅是一个扶贫项目,还是物业企业与业主之间的一个粘合剂,能够让企业感悟到更多善的力量。他表示:一个个社区连缀起来,会让我们的社会变得更美好一些。

成立于1991年的湖南省房地产业协会,是由湖南省从事房地产行业开发、物业管理、评估、中介服务、住房租赁、住房公积金的相关教学和科研、金融等产业链单位和从事相关理论研究与实践的个人自愿组成的全省性行业组织,是实行行业

宋泷
湖南省房协常务副会长兼秘书长

服务和自律管理的非营利性社会团体。"自我们协会成立以来,在相关职能部门和社团管理机关的指导下,在广大会员单位的支持配合下,励精图治,务实创新,积极做好'政府助手、行业推手、企业帮手、发展能手、创新高手',在为政府提供咨询、反映会员诉求、加强行业自律、服务企业发展、优化资源配置、履行社会责任等方面发挥了积极作用。"宋泷如是说。

早年曾从事过房地产开发、物业管理工作的宋泷,见证了湖南整个物业管理、房地产开发行业的进步和发展。他认为,经过多年发展,物业管理公司该从理念上有所精进。如今再提业主和物业"相安无事就是好事"等等观念,显然已经过时了。如何让物业企业更好地做好服务,如何让业主有更多获得感,这才是当下物业企业所要追求的。

正好中国物业管理协会联手易居乐农推出了"社区的力量"扶贫项目。宋泷发现，这是个契机，也是协会可以利用的一个抓手。2020年9月，易居乐农总经理陈光耀一行到湖南与宋泷会面的时候，宋泷道出的一番话，可以说，表达出了他对投身"社区的力量"工作的感受。宋泷对陈光耀说："'社区的力量——藏区青苗计划'专项扶贫行动，我觉得特别精准。我们及时发出《关于鼓励我省物业服务行业参加'社区的力量——藏区青苗牵手计划'专项扶贫行动的倡议书》，鼓励有良好经济条件的市州（县）物业管理协会、物业服务企业和广大业主朋友参与扶贫活动。在协会的倡议下，会员单位积极响应。目前，我省物业服务行业认购了近100亩青稞田农产品，充分展现了我省物业行业的社会担当和良好精神面貌。"

截至2020年12月，湖南省已经有十余家物业服务行业企业参与到"藏区青苗牵手计划"中去。发出倡议书只是第一步。"我们还通过召开全省物业管理专业委常务理事会，对青苗扶贫企业进行通报表彰，旨在树立模范单位，凝聚行业共识。"提及湖南省房协的工作方法，宋泷娓娓道来，"有了这样一个激励措施，物业企业有了参与的动力。他们中，有的企业原本就非常了解2020年是脱贫攻坚关键之年，有参与的意愿。即使有些企业最初对脱贫攻坚收官年的了解不够全面，并没有深入理解其中的含义，通过我们的激励措施，跟进扶贫工作以后，他们逐渐也有了比较深入的认识。"在宋泷看来，对于物业企业来说，他们本身是小区业主的"管家"。通过物业公司对接扶贫产品进社区，一方面实现了让业主"足不出户"就可以体验到原产地直发的优质农产品，进而带动消费、真正帮助有困难的家庭实现脱贫致富；另一方面，也激励贫困户用自己的双手创造财富，实现脱贫增收。

"亲爱的易居乐农叔叔阿姨们好。我叫普布普尺，今年11岁，来自西藏日喀则市定日县曲当乡中心小学，是五年级的学生。我们家庭以种青稞为主要来源。家中有爷爷、奶奶、爸爸、妈妈，只有爸爸一人干活。家庭生活很困难，平时我没有钱买新的学习用具和新的衣服。特别是冬天，没有一件保暖的衣服和鞋子、手套等，所以我很希望易居乐农叔叔阿姨为我们农村孩子捐点衣物和学习用具。我这里祝您们新的一年身体健康，扎

深入基层，访贫问苦

西德勒。"这是湖南金地物业牵手易居乐农后，于2020年新年之际收到的来自日喀则的一名藏族小学生的来信。稚嫩的行文中，看得出满满的感激之情。普布普尺所在的曲当乡中心小学，位于珠穆朗玛峰下，建档立卡贫困学生约352名，占比超过50%。湖南金地的行动，无异属于雪中送炭。

原本，一些小区的业主也有行善的念头。然而，渠道不多，不知道从何做起。在宋泷看来，易居乐农与物业企业的合作，让更多业主找到了行善的路径。与此同时，这项工作也在一定程度上改善了业主与物业公司的关系。"社区的力量"成为一种润滑剂。

在支援藏区以后，宋泷感觉，湖南省内也有一些亟待扶贫的地区。下一步，他思考如何充分利用湖南省房地产协会这一具有权威性的行业组织，来组织、协调和探索更多的扶贫实践。他希望物业企业的善的力量，能越来越多地释放出来。

问： 湖南省内各城市物业公司在"社区的力量"工作中，有哪些特点？

答： 作为城市最基本的管理单元，物业管理在城市管理工作中发挥了越来越重要的作用。物业管理是改善城市环境，提高城市服务功能和文明程度的重要途径。城市发展水平的高低直接决定了对物业服务水平需求程度，而业主对物业服务水平的满意度也直接决定了物业企业的社区号召力。由于各城市的发展速度及物业服务水平的差异化，"社区的力量"工作在不同的城市开展的效果有所不同，发展水平高、物业服务水平高的城市，其企业、业主参与"社区的力量"积极性较高，认购的"业绩"也比较显著；而发展相对缓慢、物业服务水平一般的城市，企业、业主参与认购的积极意愿相对较低。但相同的是，随着物业企业在社区治理中的地位和作用愈发凸显，通过物业企业来凝聚"社区的力量"参与公益活动，乃至参与解决"社会的问题"将是一种大趋势，我们可以一起静候。

"基层党建"引领扶贫帮困

问：从事"社区的力量"工作，您有哪些感悟？它对房地产协会工作有哪些影响？

答：通过组织参与"社区的力量"工作，我有几点深刻感受：一是由省级协会牵头，市、州协会引导，物业企业落实，层层联动，搭建了农产品产销对接的"桥梁"，对推进消费扶贫，帮助贫困地区脱贫增收具有重要意义。二是越来越多的物业服务企业加入"社区的力量"扶贫助农活动，探索形式多样的贫困地区农产品产销对接，凸显了物业行业服务优势，标志着我省物业企业热心参与"消费扶贫"迈入新阶段。三是协会致力于在扶贫助农、公益助学及社会突发事件应对上更好践行社会责任，通过开展"社区的力量"、爱心助学等公益活动，越来越多的企业加入，行业的凝聚力和向心力越发强劲，公益活动之路越走越顺。

Ⅱ

消费扶贫是动员社会力量参与脱贫攻坚的一项伟大创新,它突破了以往单纯"捐钱捐物"的扶贫济困模式,而探索和践行了"授人以鱼不如授人以渔",即通过消费来自贫困地区和贫困人口的产品与服务,切实帮助贫困人口增收脱贫。而在这场创新实践中,全国"物业人"撑起了一面面旗帜,从一个社区、一栋商务楼等开始,广泛动员在管项目的业主、单位、职工等积极参与"以购代捐",通过组织和落实消费扶贫,打通了扶贫产品的销路,促进了贫困地区扶贫产业的发展。"以销促产"有望形成长效机制,有效地防止返贫。

我们要承担应尽的扶贫责任

访长城物业集团总裁助理余颂东

文 | 魏沛娜

"以社区的力量，传递公益的力量，是企业的社会责任和担当。"这是余颂东和他的同事信奉的一句话，而他们平时也在不遗余力地践行着。在余颂东眼中，扶贫是一项非常有意义并且充满使命感的事业。人人行动，参与其中，就能让贫困农民和社区业主都过上幸福的生活，让社会变得更加美好。

余颂东是一位文质彬彬的"70后"，现任长城物业集团总裁助理。在同事眼中，他是一位低调工作、扎实做事且富有爱心的"70后"物业人。他那种对扶贫工作的热忱，那种甘于奉献社会的爱心，我是能从他的言行中直接感受到的。谈起扶贫经历，他的眼睛闪烁着一种难以言状的快乐与满足。但对于自己的扶贫贡献，他却轻描淡写，谦称自己并没做多少，将功劳都归于同事和公司的热心付出。

6月的日喀则，绿油油的青稞苗正茁壮生长。作为长城物业的代表，余颂东带领同事跟随中国社区扶贫联盟来到西藏，积极投身于"藏区青苗牵手计划"，结对帮扶藏区贫困家庭，搭建连接社区与藏区的爱心通道，传递社区公益力量。

6月18日下午，余颂东和同事来到纳尔乡中心小学。他们除了为小朋友们带来了文具、书包等帮扶物资外，也为家庭送上了数份代表安康的青稞粽子，预祝生活安康。

"我们来到了牵手计划的帮扶学校，与西藏当地的孩子们学在一起，玩在一起。说实话，孩子们艰苦的生活环境让我感触很深。我们送上的一份零食、一盒文具，便足以让他们欢呼雀跃，开心至极。你无法想象，当一个上海的孩子在迪士尼品尝美味甜筒的时候，藏区的孩子们正在吃着没什么营养的干粮；当一个北京的少年在

余颂东
长城物业集团总裁助理

国家图书馆畅快阅读时，而藏区的孩子们可能正捧着一本早已皱巴巴的课外书反复在看；我们甚至不会想到，城市人眼中不会在意的 10 元钱，能抵得西藏儿童一日三餐的费用。"当笔者问及长城物业坚持参与公益扶贫的初衷与感想，余颂东感慨万千："这次与贫困孩童们牵手联谊，让我们感受到，在本就穷困的藏区，教育的严重缺失是值得我们迫切注意的，这很容易形成恶性循环。对此我们应该改变，也必须改变。我们希望，通过'藏区青苗牵手计划'的实施，能真切地给孩子们一份实实在在的温暖，在他们心田里，埋下一颗阳光的种子，让一张张笑脸永远绽放。"

短短几天中，余颂东和同事还去藏民家慰问、赠送物资，参观消费扶贫青稞基地，参与青稞农耕体验等。据了解，此次"藏区青苗牵手计划"是针对当地青稞产业发展的可持续专项消费扶贫行动，倡议"一个社区一亩青稞田，一个家庭一名藏区娃"，通过认购青稞田结对帮扶藏区儿童，助力儿童健康成长，同时促进藏族人民群众持续增收。余颂东在接受采访时表示，长城物业此次公益行的重要工作，是现场认购当地青稞种植基地。成熟后的青稞将通过长城物业搭建的公益扶贫通道，被送往长城物业 1000 多家社区的业主餐桌。虽然远隔千里，但因为长城物业建立的纽带，城市社区业主与藏区同胞建立起心与心的桥梁。

"这些年来，我们长城物业参与脱贫攻坚的脚步从未停止。"余颂东介绍，2018 年 4 月，长城物业携手东方卫视、易居中国和新浪微博联合出品的《易居乐农——我们在行动》明星公益扶贫助农节目火热播出。从华南龙胜到华北丰宁、西北高原贵德，长城物业辗转多个地方实地参与扶贫。长城物业与一应云联盟伙伴企业认购扶贫金额达到 230 万元。2019 年，长城物业积极投身《我们在行动》第二季，前往河北省阳原县进行定向扶贫，认购阳原黄金小米，并迅速组织服务管理的城市城区，开启小米的体验和销售工作，为县域贫困户脱贫贡献力量。

余颂东很喜欢长城物业集团董事长陈耀忠在《精准扶贫，净化心灵》家书中说的一句话："参与扶贫活动，不仅是国家的需要，贫困农民的需要，更是自己提高心灵品质的需要。" 他强调，我们参与扶贫，就一定要到贫困地区实地考察，只有亲自来过了，才能真切感受到当地的贫困现状。"当你看到他们渴望的眼神，内心才会真正升起那份爱。这份爱，让你充满责任感和力量，要去帮助他们，要去为他们做点什么"。余颂东表示，作为扶贫践行者，长城物业将践行社会责任，积极助力国家脱贫攻坚，让社区变得更美好。

问：新冠疫情肆虐期间，"社区消费扶贫"工作是否持续？如果是，能否请您分享今年扶贫当中最难忘的一件事？

答： 今年遇到新冠疫情，由中国社区扶贫联盟发起的"社区的力量——藏区青苗牵手计划"专项扶贫行动虽几经波折，但最终还是成行了。我和我司公共关系总监唐锷也来到了日喀则，为西藏贫困地区的孩子们送去了扶贫物资，并认购了相关的青稞农产品。最让我印象深刻的是，这次扶贫之行与前几年都不一样，环境更加恶劣。以前的河北丰宁、青海贵德等贫困山区还只是交通不便而已，而这次的目的地日喀则海拔接近3800米，生存条件恶劣。此次藏区行很多的企业代表和工作人员都发生了比较严重的高反症状，甚至住进了医院，无法完成整个行程。我和唐总算是反应比较轻的，每天也都在头痛、头晕中度过。但我们最终还是坚持完成了整个行程，圆满完成了扶贫任务，艰苦的环境更让我们看清了社区消费扶贫的重要性，更让我们明白了物业人在扶贫工作中应付出的责任和义务。

问：实际扶贫和想象中的扶贫工作有哪些差异？

答： 最大差异，不是生存环境的差异，因为这个早在我们的意料之中。想象中，这些地方环境恶劣贫瘠，没有什么资源。实际上，这些贫困地区本身也有很多非常好的资源，比如河北丰宁的跑山黑猪、青海贵德的牛羊肉、日喀则的青稞制品等等，但受制于地理、交通、观念、教育等等原因，这些资源无法有效变现，而导致无法脱贫。所以，目前首要任务是要引导当地的老百姓树立正确的脱贫观念，从"等靠要"变成"我要脱贫"，付诸切实的行动，这才是长远脱贫的核心要素，才能彻底铲除贫困的根源，最终打赢脱贫攻坚这场硬战。

▲ 西藏公益行活动与小朋友一起参与绘画活动

▼ 基地挂牌留影

问: 参与到扶贫工作后,对您自身有怎样的影响?带来哪些改变?

答: 我参与了两年多的扶贫工作,给自己带来最大的变化是观念上的变化。原来觉得扶贫离我们生活很远,但真正去了贫困地区实地考察,才知道贫困就在我们身边。扶贫济困是我们中华民族的传统美德,也是我们每个人的责任。我们享受了改革发展带来的红利,也要承担应尽的扶贫责任,不能只做精致的利己主义者。正如我们董事长陈耀忠先生说的:"参与扶贫活动,不仅是国家的需要,贫困农民的需要,更是自己提高心灵品质的需要。"

用"心"去做公益，肩负应有担当

记深圳市龙城物业管理有限公司

文 | 程龙

"参与公益事业，公司决不能仅仅只是参与，更要用心将公益事业做好，真正帮助需要我们帮助的人，真正负起一个中国企业的责任。"深圳市龙城物业管理有限公司党委书记、董事长徐永平对于公司参与公益慈善有着如是观点。

龙城物业，是深圳一块响当当的品牌。他们经过20多年的发展，声名鹊起，是一家有着一级管理资质的物业企业，也是中国物业管理协会理事单位，深圳市物业管理行业协会副会长单位。他们在信息化、科技化推进下，物业管理理念不断更新升级，以科技促进物业服务行业转型为现代服务企业。董事长徐永平带领团队专注于企业运营发展，联心携手，笃行致远。至今，龙城物业已在全国42个城市开展业务，在管项目数量超过400个，为10多万家庭客户和300多个机构客户提供物业服务。不仅如此，在企业社会责任方面，徐永平也带领员工充分运用物业管理行业资源，将社会责任纳入企业战略发展规划，积极投身公益慈善事业，充分发扬了企业的人文精神，为建设和谐社会贡献了一份力量。

消费扶贫，龙城物业"一直在路上"

自2018年12月，龙城物业加入中国社区扶贫联盟，被授予"中国社区联盟理事单位"以来，在董事长徐永平的高度重视和指挥下，龙城物业充分调动公司在管服务的各社区的资源，采取线下公益宣传栏、社区活动、大型市集，线上平台运营、团购集采等形式，实现贫困地区农产品与广大社区业主在多渠道和多平台的产销对接。

据了解，当《国务院办公厅关于深入开展消费扶贫助力打赢脱贫攻坚战的指导

龙城物业是深圳一块响当当的品牌，在社区扶贫行动中也表现不俗

意见》颁布后，他们便在思考，如何参与消费扶贫，助力国家全面脱贫。2019年4月12日，由中国物业管理协会等部门联手发起"社区的力量"消费扶贫攻坚战专项行动，他们找到了有力抓手。于是，公司不失时机，于在管的标杆项目小区，譬如深云村、龙悦居、桃源村等多个大型住宅小区，积极组织开展消费扶贫线下宣传推广活动，将公益助农与社区服务高度融合，以物业服务企业的资源优势帮助贫困地区产品拓宽销路。不能不承认，效果是显著的。

在"社区的力量"消费扶贫活动中，龙城物业不仅组织举办宣传活动，同时也积极参与购买扶贫产品。龙城物业在"乐农社"APP平台开通社区开店数20个，产品数量306个。截至当年9月22日，销售斤数1.02万斤，名列深圳前五。龙城物业因此而荣获"扶贫助农先锋奖"。

2019年12月11日，由中国扶贫志愿服务促进会、中国物业管理协会指导，中国社区扶贫联盟主办，易居乐农承办的中国社区扶贫联盟第二届理事大会在京顺利召开。大会公布了中国社区扶贫联盟第二届理事单位,深圳市龙城物业管理有限公司再次荣任"中国社区扶贫联盟理事单位"。连续两届任理事单位,是对龙城物业率先响应中央和国家、行业协会号召,积极参与消费扶贫,以实际行动践行社区的力量的充分认可。

在这次会上,龙城物业荣获"消费扶贫榜样社区"称号。

2019年12月底,龙城物业为继续推进消费扶贫活动,再次做出对湖北省恩施市进行精准扶贫举措,购买20万斤富硒米,帮助恩施百姓实现增收,劳有所得。同时,他们将购置的富硒米以员工福利的方式送达每一位员工手中,让恩施的米香飘向了全国各地。恩施市农业农村局为此赠与龙城物业一面锦旗,上面写道:爱心助农真善举,感恩龙城获春生。

党建引领,将公益做到实处

龙城物业党委自成立以来,在深圳市龙岗区非公党委领导下,以高度的责任感和使命感,创新党建工作思路,积极主动承担社会责任。他们致力于各项公益活动,每年对内组织开展爱心捐款活动、困难员工慰问活动、便民服务活动等公益性活动;对外组织参与"社区的力量"扶贫活动、看望养老院老人活动、慰问福利院儿童活动、给贫困区捐物资等等。

这次接到"消费扶贫"工作通知后,龙城物业党委立刻召开全公司有关消费扶贫工作推进会。龙城物业党委书记、董事长徐永平在会上强调:对于"社区的力量"消费扶贫活动,公司不仅仅只是参与的角色,更是要下决心把这个活动真正做好,做出效果,真正做到给贫困家庭带去希望和力量,让他们能感受到更多的温暖和幸福。他要求切实提高党员和干部对消费扶贫的认识度,充分调动广大员工支持消费扶贫的积极性,并倡导业主和员工"以购代捐""以买代帮",助力扶贫帮困,动员社会力量参与到消费扶贫中。

为贯彻落实"带一斤回家"的行动理念,龙城物业积极创新,将公益助农与红色物业服务高度融合,充分发挥基层党组织先锋模范作用,结合自身优势,推动贫困地区产业发展,促进贫困群体稳定脱贫,为打赢脱贫攻坚战贡献自己的一份力量。

▲ "带一斤回家"从你我开始

▼ 爱的涓涓细流,汇聚成一股股洪流

2019年9月22日,由中共龙城物业党委、中共龙城物业第三党支部、龙城物业组织举办的以"迎国庆 助扶贫 促和谐"为主题的"社区的力量"消费扶贫活动,在龙悦居三期广场成功地举办。

活动中,龙城物业将"乐农社"平台推广的日常生活中所需的大米、红米、酱油、木耳、土豆片、水果等食材一一展示。在龙城物业工作人员的指引下,业主们纷纷上前咨询如何扫二维码关注小程序"乐农社"、如何在"乐农社"平台下单购买扶贫产品等等。有不少家长带着孩子来了解扶贫活动,并带领孩子在签名墙上签上自己的名字,参与扶贫活动。

有一位业主由衷表示:"看到龙城物业在小区宣传消费扶贫活动后,当即下单买了一些家里需要用的东西,也算是为扶贫献出了一份小小的力量。"

还有业主说道:"在小区举办这个扶贫活动特别有意义。我们家长可以带着孩子参与扶贫活动,让孩子在签名墙上签下自己的名字。这种仪式既方便了我们每一名业主,也能让孩子培养爱心,学会帮助他人。扶贫意识应从娃娃抓起。"

公益赋能,我们也不掉队

2020年是不同寻常的一年,新冠肺炎疫情给整个世界带来了深刻影响。

作为居民小区抗疫防线的第一道墙,众多物业人员超越了合同和法律拟定的责任,上下同欲、齐心协力、夜以继日,迅速投入到防控疫情的阻击战中,有力地保障每一位业主安全。

从这场"战疫"中,龙城物业人感触至深:危机面前,任何人都无法独善其身,也没法和自然分割。为此,龙城物业作为一家有社会责任的资深物业管理企业,更应该坚持初心,通过不断参与公益活动,将善良、真诚、责任等优秀品德,从企业层面,赋予每一名员工,并影响每一位业主,最终助力和谐中国的建立。因此,在服务于公益的道路上,始终能看到龙城物业人的身影,听到他们坚定的脚步声,不遗余力贡献力量。

今年3月,中国物业管理协会和中国扶贫志愿服务促进会发布开展"藏区青苗牵手计划"专项扶贫行动。"牵手计划"通过建立藏区青稞种植基地,以认购青稞田的方式,帮扶陪伴藏区儿童成长。这次活动,提倡"一个社区一亩青稞田,一个家庭一名藏区娃",探索可持续的消费扶贫模式,从而逐步形成藏区乡游、儿童互助、青稞体验、产品销售等一体化的社区支持农业发展下的消费扶贫产业链。

"这是一项非常有意义的活动。"龙城物业董事长徐永平表示,"我们不能落后,要积极参与进去,为西藏学龄儿童带去温暖和希望。"在他的亲自关心下,龙城物业很快落实了先行认购6亩青稞地,担负起帮扶6名西藏困难儿童的责任。

常怀感恩之心,勇担社会责任

扶贫帮困,要"额外"付出许多人力、财力、时间等,但龙城物业视社会责任为企业应尽的义务。他们根据物业管理行业及公司自身的特点,将环境保护、社区公益宣传、社区公益服务以及配合政府有关部门维持公共秩序和社会治安等等,都作为公益支持的工作重点。

他们每年积极参与政府部门、行业协会等组织的精准扶贫活动。2020年,除了"社区的力量"消费扶贫活动之外,龙城物业还先后参与了广东省扶贫济困日、武汉防疫爱心捐款、龙岗区定点帮扶汕尾可新村、沙河街道定点扶贫广西巴头乡等活动。徐永平董事长还跟随深圳市龙岗区区委统战部、区民政局、区工商联等前往广东汕尾贫困村,访问贫困户代表。

"坚持公益,不仅仅止于财物赠予,更要真正实现赋能于人,让更多地区摆脱返贫的可能性,真正实现消灭贫困。"龙城物业怀着这样的精神,仍将不断探索,意欲通过丰富的社会责任实践,用"心"做公益,以实际行动诠释新时代物业企业的责任担当。

"对于扶贫,我们将一如既往,永远在路上"

访广州粤华物业有限公司董事长李健辉

文 | 赵盼盼　图 | 张晓翰

广州粤华物业有限公司成立于1994年8月,其前身是广东省政府属下粤海集团的全资子公司,后转制为内资企业。1995年,李健辉从部队转业进入粤华物业,成为一个"物业管理人",至今已在这个行业奋斗了25年。

除却粤华物业董事长一职,李健辉还是中国物业管理协会副会长,兼任中国社区扶贫联盟副主席。

近两年,社区消费扶贫作为一种新型扶贫方式得以逐渐普及。李健辉认为,借助物业服务跟业主近距离接触的优势,深入推进社区消费扶贫行动,"这是非常好的公益创新"。

他谈到,自己也经常在扶贫平台上买东西,时不时买一些带回家,"本身自己也是要去消费的,买这些扶贫农产品,在满足日常生活需要的同时,又能帮助他人,何乐不为?"

打通农产品销售的"最后一公里"

2019年4月,中物协下发《关于开展"社区的力量"消费扶贫攻坚战专项行动的通知》,通过公益宣传、社区活动、大型市集、平台运营等多种参与方式,动员全国物管行业凝聚起强大的扶贫工作合力。粤华物业第一时间便积极行动,通过微信公众平台、公司月刊、社区摆摊等方式开展线上线下的公益宣传,并在华东、广西等多地社区设立乐农社分店,向社区居民讲解"消费扶贫"的公益性质和意义,引导人人参与,在消费的同时奉献爱心。

李健辉

广州粤华物业有限公司董事长、中国物业管理协会副会长，兼任中国社区扶贫联盟副主席

实际上，在这前后，粤华物业做扶贫的内容和方式上都发生了"变化"。

"以前粤华物业的扶贫，主要以内部帮扶为主。我们成立了职工爱心基金，用来帮扶一些家庭困难的员工。而外部扶贫，则以捐款捐物为主，譬如捐建希望小学，为贫困县域的人们捐赠衣物、图书、文具等生活用品，等等。"

有关消费扶贫的《通知》下发后，粤华物业深刻学习和领会，意识到扶贫不仅仅需要捐款捐物，更要让扶贫对象通过自身劳动创造价值，然后形成良性循环。这样，实现脱贫后就不容易产生"返贫"。对于开展"社区消费扶贫"这桩新生事物，李健辉顿时感到"方向对头，找准了牛鼻子，可以以此为抓手大干一番"。

"消费扶贫，从表象上看，你是把一些农产品买回家；实际上，它助力贫困县的某个家庭、某一个产业，扶持他们发展经济，从而能让自身产生造血功能。这是非常有意义的。"

李健辉提到，今年疫情期间，贵州一个山区里的火龙果运不出来，导致大量滞销。粤华物业闻讯果断出手，通过扶贫平台向客户和业主进行广泛宣传，结果帮助果农变"滞销"为"热销"，所有存货一下子都卖光了。

在中物协、中国社区扶贫联盟共同发起的精准聚焦"三区三州"，实施"藏区青苗牵手计划"专项行动中，粤华物业也积极响应，通过认购青稞田，牵手雪域高原的儿童成长，助力西藏地区打赢脱贫攻坚战。

有意思的是，在本次采访之余，李健辉还情不自禁地向我们介绍青稞挂面、青稞绿豆粥、青稞小米等产品。看得出，他已经习惯了"做一个公益代言人"，无时无刻不在推广消费扶贫理念。

物业人在行动，粤华物业不甘人后。他们以切实的行动，助力开拓贫困地区农产品的销售渠道，积极打通农产品销售的"最后一公里"，帮助贫困地区的人实现脱贫致富。

销售农产品达 15.78 万斤

与许多开发商自营物业不同，粤华物业服务的大部分客户都是机关单位。李健辉表示："我们源自国企，又没有开发背景，不像一些物业公司跟着开发商走，可以接到大量的社区项目。他们在社区里推广消费扶贫，工作自然要相对容易一些。"

即便如此，粤华物业在组织业主投身"消费扶贫"中依旧取得了不错的战果，这主要来自于三个方面。李健辉介绍道：第一，我们粤华物业的内部员工被发动起来，人人主动认购消费，积极参与扶贫；第二，我们积极向粤华物业服务的机关单位和社区业主宣传，发掘更多的力量加盟行动；第三，企业通过工会集中采购，用来逢年过节慰问员工，帮扶困难家庭，等等。

毋庸讳言，在扶贫过程中，不可避免地也遭遇过一些困难。"有些业主提出质疑，粤华搞物业管理的，怎么开始卖东西了？误以为我们脱离了物业服务的本质，或者

粤华物业集中采购宜章脐橙扶贫助农

以为在这中间我们有什么差价可赚，有这样那样的潜意识，行为上就会有所抵触"。

还有，去一些机关单位宣传的时候，"每个单位其实都有自己的帮扶任务，我们去宣传，有时候还摆摊儿，把农产品摆在那里，会被认为影响正常办公，影响政府形象"。

面对这类情况，粤华物业的员工总是真诚地、耐心地给业主和客户解释"社区消费扶贫"的初衷，推送有关扶贫文章、视频给他们看，介绍这些农产品的来龙去脉，以及怎么收集、加工、包装的等等，让业主、客户慢慢地了解和理解消费扶贫，从而参与其中。

李健辉表示："让业主相信我们的东西，了解这个过程很重要。当他们看到消费扶贫推广的农产品，的的确确都来自山里的贫困县域，也会打消疑虑。扶贫，我们确实在行动，这不是凭空说出来，也不是在讲故事，而是需要脚踏实地，怀着一颗爱心去做。"

迄今为止，粤华物业帮助贫困地区销售农产品已达 15.78 万斤，在社区消费扶贫排行榜上名列前茅。他们先后荣获了"社区的力量"消费扶贫行动奖、"扶贫助农先锋奖""消费扶贫企业贡献奖"等荣誉。

"扶贫工作会一直做下去吗？"

"一如既往，永远在路上。"李健辉坚定地说道。

问：粤华物业参与扶贫出于哪些思考？

答：一方面，粤华物业本身是粤海体制内的一个国有企业，根正苗红，积极响应国家精准扶贫的号召，早就有这个"基因"在里面。我本人是个老党员，1981年加入中国共产党，到今天已经有39年党龄了。我坚信，精准扶贫是非常重要的。

另一方面，粤华物业的基层员工很多都来自农村，他们中有些还处于贫困线以下，很需要帮助。公司在2008年成立了"爱心基金"，专门用来帮扶家庭困难的员工。所以在扶贫问题上，我们既有好的基因，更有党建工作的引领。

问：如何让客户和业主认可消费扶贫方式？

答：在社区摆摊的时候，粤华物业员工会耐心地向他们讲解消费扶贫的背景和意义，讲明这是贯彻落实党中央、国务院有关积极开展消费扶贫的具体实践。与此同时，我们也会运用多种形式，开展有效的宣传活动。譬如，在微信公众号推送一些相关文章或活动视频，介绍这些农产品的来龙去脉，让业主"眼见为实"，信任我们的东西。让他们"了解过程"是非常重要的一环，当他们看到这些农产品的的确确是从山里来的，之前的疑虑会烟消云散。

鱼渔同授，书写扶贫攻坚的抒情长诗

记深圳明喆物业集团

文 | 闵小哲

"扶贫攻坚"，是 2020 年中国社会的年度热词。这一年，也是扶贫攻坚战收官之年。

作为一家具有社会责任的企业，深圳明喆物业集团投身于"扶贫攻坚"并非出乎意料。他们并不是在近两年才开始在这条道路上奔跑，他们已经在扶贫路上"长跑"了 20 个春秋。20 年，全员蓄力、多措并举；20 年，善心加持、大爱无疆；20 年，绵绵用力、久久为功。他们用爱心深情和真金白银，浓墨重彩地书写了一部扶贫攻坚的抒情长诗。

从南海之滨到大漠以北，从白山黑水到彩云之南，从东方之珠到世界屋脊……在明喆物业人心里，扶贫从来不是简单的施舍，也不是单向的，否则扶贫很难以十年为单位可持续地推进。事实上，明喆集团在常态化扶危济困的同时，也实现了自身高质量发展和责任企业的境界升华。当应该给予自身与身外哪一个更多关注成为企业课题时，明喆集团已经将二者融为一体直至水乳交融，认识上等量齐观，实施时双腿并行。当慈善之心还在掂量是授人以鱼还是授人以渔？明喆物业则因地制宜，早已"鱼渔同授"了多年。

一边输血，雪中送炭，授人以鱼以解燃眉之急，概算金额 500 万；一边造血，扶贫扶志，授人以渔以助治本之策，又岂是金钱可以计算？

明喆集团荣获多项扶贫助农奖项

授人以鱼，输血扶贫

"社区消费扶贫"一头连着贫困地区的"钱袋子"，一头连着城市的"菜篮子"。明喆集团长期关注偏远地区的脱贫攻坚工作，积极参与由国务院扶贫办社会扶贫司指导，中国物业管理协会、中国扶贫志愿服务促进会主办的"社区的力量"消费扶贫攻坚战专项行动。

2019年，明喆八大区域先后组织动员123个社区参与"带一斤回家"社区消费扶贫活动。社区开设销售店98个，销售产品种类283个，通过区域采集、员工自购等"以买代帮、以购代捐"方式采购各类农产品1.68万斤。2020年，明喆集中采购984,330元的端午扶贫粽子礼盒，包括四种风味的甜咸粽和当地特产咸鸭蛋，送到全国4万余名明喆员工手中。他们参与"社区的力量——藏区青苗牵手计划"，认购了一亩青稞地，牵手帮扶雪域高原贫困儿童健康成长。近两年，明喆已通过集中采购、员工自购的方式采购了1,066,621.8元扶贫产品，解决了扶贫产品对接市场渠道不畅、销售压力较大的困难，帮助扶贫产品树品牌、扩销路，助力贫困地区实现增收脱贫。2019年，在全国约500家参战的物业服务企业中，明喆农产品销售量排名深圳地区第 2 名、全国第 21 名,并荣获"扶贫助农先锋奖""消费扶贫企业贡献奖""消费扶贫榜样社区"等荣誉,成为全国组织和参与消费扶贫行动的物企典范。2020 年,明喆农产品销售量排名深圳地区第二名、全国第三名。

赈灾扶贫,明喆高层亲身力行。2019 年,集团执行总裁罗延微代表明喆集团参与"帮扶援建助脱贫,共谋发展致富路"暖冬行动,为加吾乡俄毛村 55 户贫困户、加吾岗村 39 户贫困户捐赠了 94 吨煤(价值 84,600 元)、158 个书包(价值 15,800 元)和御寒衣服(价值 118,000 元),折合人民币共计 218,400 元,用最直接、最真诚的方式传递明喆温度,温暖贫困群众的心。

授人以渔,造血致富

助学计划,扶贫先扶智。2017 年起,明喆专门建立爱心助学基金,截至 2020 年,联合深圳市大公关爱青少年志愿者协会,连续 4 年为湖南 100 名贫困生捐资助学。

爱心助学,点燃明天的希望

2020年8月，为湖南省高考文科第4名、被北大考古专业录取的网红钟芳蓉同学送上爱心助学款。2017年，明喆通过中国社会福利基金会、腾讯公益，以运动捐步的形式为贫困山区儿童筹集免费午餐，让孩子们健康成长！每年秋天，明喆都会开展暖冬捐赠行动，为偏远山区的孩子送上棉衣棉裤、文具、书籍等，让缺衣少穿的孩子温暖过冬。明喆还通过中国青少年发展基金会，为贫困地区乡村小学筹建了希望工程图书室，帮助孩子们陶冶情操、提高素养。

就业帮扶，扶贫先扶志。明喆与位于深圳、广州、天津、武汉等地的多家院校达成战略合作，如深圳职业技术学院，通过联合办学、打造实习实践基地、设立"明喆集团班"，在不同区域建立人才实训基地等方式，为优秀学子提供就业实习机会。明喆集团党委书记、董事长高海清被深圳大学、深职院等多所院校聘请为客座教授，为广大学子倾情传授管理知识。明喆八大区域每年接收上千名转业军人，充实管理团队，强化基层力量；招收可以胜任某些岗位的残疾人，解决他们的收入来源，保障残障人士实现"就业梦"，为其提供展现价值的平台。这一项项"授人以渔"之举，成为"扶贫济困"中的又一股力量。

20年来，明喆集团不断拓宽他们开展公益活动的半径，如"明喆下乡服务队"支援贫困农户秋收；设立关爱基金，制度化地为遭遇重大疾病的员工家庭或客户提供经济援助……2018年，深圳市物业行业协会授予明喆物业"公益慈善突出贡献爱心企业"荣誉称号。2019年，明喆集团又通过了最高星级企业社会责任认证。

不忘初心，思源思进。因为怀有高度的社会责任感，明喆集团以扶危济困为己任，身体力行，孜孜不倦；也因为立志高标做企业公民，明喆集团以所有既往为序章，以共同富裕为目标，他们深感肩头沉甸甸，任重而道远。

"善其身，怀天下"
是企业应有的眼光和情怀

访上实服务董事长朱云飞

文 | 林涛

听着黄浦江上若隐若现的汽笛，我疾行于陆家嘴这一闻名全国的金融区。

此次采访的目的地——上实服务坐落在金融界人士密集出没的地带。当我在上海新国际大厦8楼的会议室坐定，但见门外健步走进一位"大高个"，一身深藏青西服将他原本挺拔的身材映衬得愈发英气勃勃，其气质完全符合我对中国物管界精英人士的想象。

没错，他就是上实服务董事长朱云飞，物业管理行业的一位专家。

朱云飞所在的上实服务由四家独立法人公司组成，所管理的楼宇林林总总，既有300米以上的超高层，也有机关、企事业的写字楼以及中高档商品房小区，物管涉及的业主、员工等近百万人。而当代的物业运营管理与早期"房管局"职责不可同日而语，自从"物管"概念出现，到今天一批相关企业上市，行业的内涵和外延早已发生天翻地覆的变化，朱云飞几乎亲历了这一"时代变化"。因而，我的采访是从他的成长道路切入的。

果然，听来挺有"意思"。中国内地很长一段时期，城市里只有"房管局"而压根儿没有物业管理行业。彼时的朱云飞从师范专业毕业后，成了站在三尺讲台的"朱老师"，也是"孩子王"，第一份职业是"教书育人"。后来，随着改革开放日益深入，先于物业管理行业兴起的，是外资酒店。那里的员工西装革履，薪酬可观。朱云飞顺应潮变，一度在酒店业寻梦，任职过多个职位，使他后来抓住机遇转型国际知名五大行公司之一的戴德梁行相当顺利，人生由此发生转折。他的角色从教师到"酒店人"再到"物管人"，且一步步成长为公司高管。

朱云飞
中国物业管理协会常务理事、上海市物业管理行业协会副会长
上实服务董事长、总经理

在酒店工作期间，有一阶段，他作为酒店管理输出派驻上海市希望工程教师培训基地，接待安排团市委组织的"希望工程"教师培训团。这段与来自贫困地区教师相处的经历，令他"刻骨铭心"。有一位藏区老师告诉他，每天去学校都要骑马，走很远的路，而当地孩子上学，来回翻越几座山属于"家常便饭"。这位老师足不出"藏"，有生以来第一次来大上海，顿时感到叹为观止。通过与这些贫困地区基层教师的深度交流，朱云飞"读懂了"中国，切身意识到，中国地大物博，幅员广阔，辽阔的边疆以及无数山沟沟，都是中国的一部分，却跟繁华发达的大都市完全不同，处于经济落后、信息闭塞的状态。彼时的他，内心受到极大冲击，也深埋了一颗热心公益的种子。他意识到，生活在都市的人们是幸运的，而帮助支援老少边穷地区也是义不容辞的。这段经历和感悟，成为之后从事物业管理的朱云飞对"公益事业"以及"扶贫济困"抱以热忱的内因。据朱云飞介绍，上海实业（集团）有限公司（简称"上实集团"）是1981年在香港注册成立的唯一一家来自上海的国资委全资控股企业，肩负国有大型境外企业集团和香港中资企业的双重使命，承担了许多重要职责，多年来在大力发展业务、发挥龙头企业作用的同时，也与云南弥渡等贫困地区"结对"，部署"百企帮百村"，开展了大量对口支援和扶贫项目。作为上实集团旗下的国有物业管理企业，利润、法定责任和道义都是应有的目标或准则，而道义，即履行社会责任，体现"温暖力量"，则不可或缺。因而，当成为上实服务掌门人，朱云飞从未觉得做公益是一项额外的负担，而认为是与物业管理事业相辅相成的重要一环。当党中央、国务院发出"脱贫攻坚"的号召，上实服务在上实发展党委和物业联合党委的领导下，人人行动，积极参与。尤其在中物协倡导的"社区消费扶贫"活动中，上实服务广泛动员，集团总公司领导闻讯也热心参与。众人拾材火焰高，上实服务很快成为一匹黑马，在"乐农社APP"龙虎榜上名列前茅。

具体而言，2019年4月前，上实服务开展的扶贫助困，聚焦于为社区长者生活便利所推出的"菜单式"服务，服务内容多达上百项，受益者主要是社区的"长者"，覆盖面非常广泛。此外，他们曾为支持导盲犬培育项目，出资10万元捐赠5条种犬；也曾随上实发展远赴江西婺源，参与当地希望小学的支教活动；他们心系联建社区，为辖内孤老送去节日温暖，为特困学子提供帮困助教，等等。2019年4月，自中国物业管理协会下发《关于开展"社区的力量"消费扶贫攻坚战专项行动的通知》以来，上实服务立刻响应，将人力、物力、财力倾注到由中物协、中国扶贫志愿服务促进会联合主办的"社区的力量"消费扶贫攻坚战专项行动，于"第一时间"动员公司11个项目积极投入"带一斤回家"的消费扶贫行动。第一阶段的"扶贫战"很快告捷：短短一个半月里，他们开设了100多个扶贫小店，累计销售农家产品2万多斤，在"乐农社"同行排名榜上位列全国第一，因此荣获"首家万斤扶贫助农物业服务企业"称号。

荣誉接踵而至。2019年8月4日，上实服务积极助力"上海市物业管理行业消费扶贫专项活动启动日"活动，被上海市物协授予"上海市消费扶贫攻坚战首批参战企业"，他们的在管项目慧芝湖花园成为启动仪式的活动主场，吸引不少市民踊跃参与。同年12月11日，中国社区扶贫联盟第二届理事大会在京召开，上实服务当选为"中国社区扶贫联盟理事单位"，还获得"消费扶贫企业贡献奖"，公司在管项目上实芜湖青锋社区、盛大天地创意中心和上实大厦三个社区分别斩获"消费扶贫榜样社区奖"。

2020年，一场突如其来的新冠疫情导致全球发展受阻。许多人因此而减少出行，成为"宅男""宅女"。即便如此，上实服务的"社区消费扶贫"行动也没有裹足不前。5月18日，"藏区青苗牵手计划启动暨首批认购集中签约仪式"召开线上直播会议。上实服务董事长朱云飞参与线上直播签约，代表公司认领36亩青稞帮扶藏区儿童，用实际行动助力国家扶贫攻坚战。6月18日，上实服务总经理助理童琳与15家认购企业代表一起，亲赴西藏日喀则市，走访慰问扶贫牵手学校，对青苗牵手计划的受托单位——西藏德琴阳光庄园进行调研考察，并在当地树立了一个个代表公益结对的青稞基地扶贫牌，圆满完成了都市社区与边陲藏区爱心连结的关键一环。9月29日，在全国物业管理行业发展指数报告发布会上，上实服务荣获"社区的力量——藏区青苗牵手计划"消费扶贫青稞基地公益认购证书。

聊到"社区消费扶贫"过程中的棘手事儿，朱云飞表示，受助地区的产品质量还有待提升，尤其是一些瓜果和蔬菜，由于缺少良好的保鲜和包装，不利于培养"回头客"。还有一点，由于产品发自偏远地区，物流成本较高，导致售价略高。当然，遇到这类棘手的问题，上实服务派了专员联系商家，或跟参与"消费扶贫"的消费者耐心解释，以此妥善解决。

朱云飞提出，如果扶贫项目都能得到"一视同仁"的政策支持，譬如给予参与企业一定的税收减免等等，这样将有助于将服务规模做得更大。为什么呢？因为上实服务为推广扶贫活动投入了不少资金，却没有享受到公益性服务应有的税收减免，多少是有压力的。当然，这一暂时的困难并未影响他们继续前进的脚步。他们不仅乐于参与当下的"消费扶贫"活动，还积极探索"就业扶贫"等模式。他们发现，贫困地区除了有特色产品，还有大量待就业人员，而上实服务愿意接纳他们，为他们提供相应的岗位及业务培训。

"授人鱼不如授人渔。现代扶贫超越了以往的直接捐钱捐物。消费扶贫体现了进步，但不应局限于此，而应该探索更多的可能或模式，包括教育扶贫、就业扶贫等等，我们对此也已做了相应的规划……"朱云飞表示。"'善其身，怀天下'，是我们企业的眼光和情怀。"

"客为尊，人为本，善其身，怀天下"，是上实服务的 Slogan，高悬于公司的墙上，也化为了员工的思想。朱云飞进一步解释了后两句："善其身"，源自《孟子》里的名句——"穷则独善其身，达则兼济天下"。古代圣贤有关修身养性的文化，转化为今天企业的内在追求，即自身要不断创新、不断精进、追求卓越，成为受人尊敬的优秀企业。而"怀天下"，也可以视作"达则兼济天下"的演化，代表了企业的胸怀和责任。在"内在追求"不断精进、超越、完善的基础上，上实服务既心系客户也心系天下，誓将物业管理服务做到客户满意、行业一流，也努力使得国有企业成为社会进步的一种价值与力量。

▲ 积极参与"藏区青苗牵手计划",切实帮扶藏区儿童
▼ 社区消费扶贫活动现场

问： 参与消费扶贫，对公司开展日常业务有无感到"压力"？

答： 从表象看，组织发动业主、员工参与"社区消费扶贫"，增加了许多额外的工作，包括时间、人力、财力等都需要更多的付出，但透过表象看"内里"，我觉得企业组织这样的活动，收获也很多。上实服务之所以能不断地发展，基于我们是一家有温度、有情怀的公司。你进门也看到了我们的企业文化"受人之托，忠人之事"，它不仅体现在日常的物业服务等事务上，也体现在社会责任上，包括扶贫济困。上实服务每年发布《企业社会责任报告》；经常组织党员"扛着党旗进社区，带着党徽进家门"，从事社区公益活动，这些都体现了一家国有企业履行社会责任的理念、战略、方式方法等等。

问： 有没有遇到"不理解"的消费者或是业主？

答： 双手伸出来，十指长短也不一。同理，在社区或写字楼开展"消费扶贫"，也会遇到"不理解"，这不足为奇。我非常感动、感慨的是，事实上，我们的社会还是充满"正能量"的，对于开展"以买代捐"的消费扶贫，多数人并没有完全将它们视同纯粹的商业消费，大多数业主都积极支持参与，以此表达自己的一颗"爱心"。

问： 你怎么看待目前的阶段性扶贫成果？下一步有什么打算？

答： 要说阶段性的扶贫成果，我想还是以"数字"说话。目前，上实服务在"乐农社"上实现销售额为50多万元，这是一方面。当然，我们推广此项公益活动，也投入了不少。不管如何，将贫困地区的农副产品源源不断地引到城市业主的餐桌上，挺有意义。我们还会持续地做下去，为公益事业添薪助力。我们希望，找到更多的办法带动贫困地区的经济发展，包括人才培养或引进，提高农产品包装、保鲜、物流等水准，众人拧成一股绳，切实帮助落后地区解决导致贫困的根由，与发达城市形成互联互通，走上共同富裕的道路。

消费扶贫见证社区的力量

访安徽创源物业管理有限公司董事长周平珍

文 | 微尘

一场有声有色的社区消费扶贫活动，让安徽创源物业管理有限公司董事长周平珍感叹不已："海纳百川，社区的力量迸发出来是异常惊人的！"

2019年4月，中国物业管理协会、中国扶贫志愿服务促进会、易居中国联合策划发起的"社区的力量"消费扶贫攻坚战专项行动正式拉开帷幕。

从2019年8月开始，安徽创源共建立了60个社区线上店铺，结合移动多媒体"带一斤回家"大力宣传，先后在合肥滨湖桂园、欣园等项目开展"社区的力量"扶贫专项活动。

社区居民在"家门口"，通过小区里缤纷多彩的试吃活动，尝到了来自贫困县的哈密瓜、夏橙、带壳烘烤花生等特色农产品，再通过"乐农社"APP进行线上认购各种天然特色农产品，而"乐农社"很快会将订购的农产品直接发往社区居民的家里。

截至2020年6月，历经近一年时间，在创源物业人不懈的努力下，他们积极动员公司内部员工以及97个在管服务项目业主参与消费扶贫，切实为贫困地区解决了农产品滞销难题，累计帮扶销售额约68.6万元，销售农产品11.9万斤。

"整个社区参与的积极性之高，线上店铺的传播速度之快和转化率之高，都出乎我的意料。"周平珍说，"在那一段时间里，'带一斤回家'成为社区微信群里的高频词汇。很多业主自发转发宣传，不仅自己买，还号召亲朋好友买。"

周平珍
安徽创源物业管理有限公司董事长

创源物业在此次"社区的力量"消费扶贫攻坚战专项行动中也收获了鲜花和荣誉。2019年10月15日，在第五届中国物业管理创新发展论坛上，安徽创源物业荣获"社区的力量"消费扶贫行动奖。2019年12月11日，安徽创源物业荣获"社区的力量"消费扶贫企业贡献奖。

周平珍也透过此次社区消费扶贫活动，看见了社区通过市场机制迸发的巨大力量。"只要找到合适的模式和机制引导，社区将会成为整个社会参与脱贫攻坚战的一支重要力量。"

消费扶贫，是一种创新性市场机制。周平珍认为，消费扶贫一头连着贫困地区，一头连着广阔市场。它的最大特点是运用市场机制，动员社会力量参与到扶贫过程中。

而在这个市场化机制中，物业管理公司成为不可或缺的一环。"如果没有我们和社区建立的亲密关系，没有企业诚信和美誉度，没有我们建立的基层党组织，很难赢得社区居民信任，很难推动参与消费扶贫社区居民的需求与贫困地区特色产品供给信息精准对接，从而打通'消费扶贫'最后一公里。"

安徽创源物业管理有限公司于2005年创立，经过多年经营，已经发展为集团化企业，主要对全国多地的医院、学校、办公楼、工业园、住宅、场馆等提供物业服务，项目达两百个，获得了社会和行业的一致好评，也创造了良好的社会效益。

据了解，创源物业在管项目分布在安徽省、江苏省、河北省以及山东省的多个地市、县区。公司为推动地方经济发展，提供就业岗位，采取劳务吸纳的新型扶贫方式。截至2019年底，创源物业累计为建档立卡贫困户和城镇困难户劳动力提供保洁、保安、绿化养护等岗位五百多个，吸纳建档立卡贫困户和城镇困难户劳动力243人就业，为缓解社会就业压力做出了实打实的贡献。

通过此次消费扶贫攻坚战专项行动，周平珍也在思考：如何依靠社区的力量，为扶贫多做一些事情？

她认为，往深层看，扶贫不是简单地给钱给物和解决眼前问题，"社区要为贫困地区的产业发展注入内生动力，促进贫困人口稳定脱贫和贫困地区产业持续发展"。

2020年，中国物业管理协会、中国社区扶贫网精准聚焦"三区三州"的西藏地区,发起"藏区青苗牵手计划"专项行动,号召全国各地物业服务企业"认领一亩青稞田,帮扶一名藏区儿童"。创源物业闻讯后也积极参与此次专项行动。

5月18日,"藏区青苗牵手计划启动暨首批认购集中签约仪式"线上直播会议在北京顺利召开。近1个小时的直播活动,在线观看人数达到6万+。安徽创源物业管理有限公司作为首批10家认购单位之一,在线上直播活动中认购了42亩青稞田,定向资助定日县曲当中心小学四年级一班全班学生。

2020年5月,创源物业向安徽省物业管理协会递交了《"百社进百村"助力脱贫攻坚行动参战书》,与全省12个"挂牌督战村"之一的安庆市太湖县牛镇同义村确立结对帮扶关系,参与认购同义村农产品,践行企业社会责任。

"我们不仅自己认购,还利用公司物业项目和社区资源优势,宣传农产品,为村民打开销路,拓展农产品销售新途径,发动广大业主认购。"周平珍表示。

参与组织"社区消费扶贫"后,周平珍敏锐地感觉到社区也在"变化",人们正在慢慢接受"扶贫"这一崭新的消费渠道。"如果消费扶贫产品本身具有很强的竞争力,人们自然会去购买。如果想让这一机制继续发挥作用,就要聚焦扶贫产品

安徽创源物业参与"藏区青苗牵手计划"

安徽创源物业开展社区消费扶贫活动

的供给链和销售链,去生产和销售合肥市民最喜欢的产品。这样,才能更好地激发整个社区的消费热情。"

问: 创源物业是怎样一家公司?如何看待消费扶贫进社区这样一种形式?

答: 安徽创源物业管理有限公司于2005年创立,经过多年经营,发展为集团化企业,主要对全国医院、学校、办公楼、工业园、住宅、场馆等提供物业服务,项目达两百个,获得了社会和行业的一致好评,也创造了良好的社会效益。

安徽创源物业自成立再到成为中国社区扶贫联盟理事单位以来,一直带着情怀,用爱心回馈社会。近两年创源物业积极响应国家脱贫攻坚战的号令,利用企业优势,打通脱贫攻坚战最后一公里。作为一家非公企业,创源物业充分发挥基层党组织在精准扶贫中的核心领导作用,依托各种优惠政策,引导、助力贫困户在国家扶贫政策支持下自力更生,发愤图强,努力改变自身命运。

站在物业公司的角度看,消费扶贫进社区,鼓励社会力量参与到消费扶贫中来,将消费扶贫纳入"万企帮万村"精准扶贫行动,采取"以购代捐""以买代帮"等方式采购贫困地区产品和服务,帮助贫困人口增收脱贫,既是消费模式创新,也是扶贫模式创新,是一种双赢模式。

问:在安徽创源物业实施消费扶贫的过程中,党建起到了什么作用?

答: 在扶贫的道路上,创源物业始终坚持党建引领,构建起"党建+企业发展+助力脱贫"模式。今后,创源物业将继续致力于助农、助学、扶贫等公益行动,积极践行习主席提出的"全面打好脱贫攻坚战",为乡村振兴贡献一份力量。

问:社区消费扶贫再向下发展,还会有哪些变量会引入进来?

答: 我期望看到的是,消费扶贫可以倒逼农村产业升级,促进产业兴旺。随着消费扶贫的不断推进,城市消费者会更多地选择贫困地区农产品。巨大的市场需求将会有力推动贫困地区农业产业升级和农产品质量的提升,从而形成正向循环。

另外,技术的变量不能被忽视。最近,我发现除了电商平台,无人售货机正在加入到社区消费扶贫的链条中。另外,"藏区青苗牵手计划"还引入了直播的概念,直播和以社群为主体的平台可能也会搭建起来,助力社区消费扶贫。

安徽创源物业在打造物业品牌的同时,将牢记企业情怀,用爱心回馈社会大爱,积极响应国家打好脱贫攻坚战的号召,利用企业优势,打通脱贫攻坚战"最后一公里"。

"扶贫其实也是一种双赢"

访上海保利物业酒店管理集团有限公司总经理张军

文 | 林涛

张军,一位神情坚毅的中年北方汉子,脸庞轮廓分明,双眼炯炯有神。

他递来名片,头衔是"上海保利物业酒店管理集团有限公司总经理"。自2000年入职保利,他先后辗转于广州、北京、武汉等多地多岗。2015年,走上目前职位,在"物业管理"领域深耕细作。如今,他"坐镇"上海陆家嘴,负责分布于20多个省市的分支机构,管理200多个写字楼和住宅项目,拥有近1.2万名职工,辖区的服务人群近100万人。吸引我前去采访的,是他们在"社区消费扶贫"战役里打了一场又一场胜仗,也为无数受助人送去了温暖。有意思的是,"社区消费扶贫"也转化成他经常操心的"常态化"业务之一。

问起这段公益缘由,张军首先从中国保利集团的"大背景"说起。

张军介绍说,中国保利集团是一家著名的央企,对于党中央、国务院提出的"扶贫帮困",一向非常重视。可以说,中国保利集团在肩负央企责任、助力脱贫攻坚方面始终走在了全国的前沿。目前,保利集团已承担山西五台、河曲,内蒙古喀喇沁旗,云南鲁甸、巧家,广西忻城等6个国家级贫困县的定点扶贫工作,所属子公司还承担了贵州省册亨县以及其他9个村的"对口帮扶"任务。集团通过发展产业项目、扶持当地企业、布局教育扶贫等,致力于将扶贫协作扶到点上、帮到根上,形成了全国瞩目的"保利经验"。

2019年4月,中国物业管理协会发出《关于开展"社区的力量"消费扶贫攻坚战专项行动的通知》,吹响了全国物业的行动号角,要求发动辖区居民或住户参与"社区消费扶贫"。"社区消费扶贫"是什么?乍一接触,张军感到新鲜。他搞

张 军

上海保利物业酒店管理集团有限公司总经理

明白这项扶贫帮困的创新点在于，通过组织、引导社区业主一边消费一边扶贫，对特困县给以切实的、可持续的帮助。"扶贫帮困是国家战略。保利物业酒店管理集团旗下管理了数百个物业，拥有'千军万马'，应该毫不犹豫地发动大伙儿参与脱贫攻坚。这是企业义不容辞的社会责任啊。"他表示。

从那时起，他们满怀热情投身"社区消费扶贫"，也想方设法集聚社区的力量。截至目前，他们实现了农产品销售达 5.85 万斤，销售额达 35.31 万元，在全国 506 家参战物业服务企业中排在第 13 名，在 2019 年荣获大会颁发的"社区的力量"消费扶贫企业贡献奖并荣膺中国社区扶贫联盟理事单位。其中，他们的在管项目贵州保利国际广场、上海翡丽雅苑、湖北保利华三个社区闯进了全国荣耀社区 100 强，荣获"社区的力量"消费扶贫榜样社区贡献奖。而他们认领的青稞 17 亩，集资 11.56 万元，助养了 17 名西藏困难学子。

"中物协号召的'社区消费扶贫'，与以往的扶贫助困有哪些不同？"我问。

"主要不同是在服务模式上。"张军快言快语，"以前扶贫帮困多以'线下'活动为主，如今转到了'线上'，便捷，高效；以前扶贫帮困往往属于区域性的工作，如今运用移动互联网手段，由区域性的项目转变为覆盖面更广的全国性工作。更重要的是，相比以前的扶贫方式，'社区消费扶贫'超越了传统的直接捐钱捐物，实现了扶贫的'买卖双赢'"。

聊起这三大变化，张军总经理表示，"社区消费扶贫"的创新之举，顺应了移动互联网时代人们行为方式的转变，而中国物业管理协会通过"乐农社"APP 不断发掘地处偏僻之地的国家贫困县特色产品，让远在大城市的社区居民有更多购物选择。许多城市居民的老家在老少边穷地区，他们像电影《我和我的家乡》里的有为青年一样，挚爱老家的山山水水，也乐意通过日常消费行为，为"老家"脱贫攻坚做出贡献。而从小生在大城市、成长在大城市的北上广深等居民，对于产自深山老林贫困县的诸多农特产一向是乐于品尝的，如今通过在手机软件上"摁摁"键，美味而有营养的绿色农作物便被送到家门口，实在乐此一举。

探访"藏区青苗牵手计划"专项公益受助学校

上海保利物业酒店管理公司利用"乐农社"平台及公司自己的"微盟"平台，借助在管项目的 21 万户消费者资源，通过线上服务平台开设"带一斤回家"贫困地区农产品专区，实现了让贫困地区优质农产品"从产地直接飞到餐桌"的新生活、新时尚。

毋庸讳言，参与"社区消费扶贫"一年多，保利公司也遇到一些棘手事儿。譬如，有消费者反映，实际拿到手的东西与宣传上的承诺存在偏差；又譬如，一些农副产品的价格似乎高于其他市场的售价，等等，等等。有的业主甚至尖锐地质疑：物业公司组织开展这样的扶贫，是参与公益还是开拓经营？面对种种问题，保利公司怀着实事求是精神，不回避，更不退缩，而是切实地去了解事情的原委，通过耐心分析解释，打消业主重重疑虑。

也有部分业主曾经想当然地以为，产地滞销的贫困县农产品理应"售价便宜"，而完全忽视产后分级、储藏保鲜、快递物流、产品包装所需要的各种投入。对于这些，他们也晓之以理，排除各种非议，引导业主对于"以购代捐"的公益创新模式抱以更多理解。

2020年年初，新冠疫情突如其来，给"社区消费扶贫"平添困难。那时，许多人足不出户，人与人面对面沟通的频次降至最低。张军谈到，危机中总孕育新机。抗疫激烈之时，街上、社区一下子静得可怕，城市似乎变成了空城。但生活仍在继续，消费也在持续。在此期间，令他感动且难忘的是，当公司发出助力扶贫的号召，全体员工积极响应。他们自发地在微信朋友圈广泛转发信息，也动足脑筋在人们目光所及的社区里安排易拉宝、海报等。

令他欣慰的是，疫情期间，他们管辖的社区居民在物业工作人员的积极引导下，有越来越多的人首选助农产品。他们心系农户，将心比心，考虑到疫情造成的农产品滞销可能给贫困农户带来更为沉重的生活压力，于是，消费扶贫不因疫情而停顿，相反更努力地添砖加瓦，尤其在参加《关于助力湖北省滞销农产品以及52个贫困县特色扶贫产品》活动中，他们没有戴着有色眼镜看待来自疫情地区的农产品，而是

探访曲当乡曲当中心小学师生

一如既往地给予消费支持。

为了更好地扶贫助农,保利公司还将扶贫工作融入社区文化活动,除了做好现场宣传外,更将扶贫产品作为活动奖品发放给业主,激发业主爱心,让业主尝到扶贫的"真实滋味"。

参与组织"社区消费扶贫"后,张军敏锐地感觉到身边的不少"变化"。他总结道,这种"变化"是多层面的。对于消费者而言,日常购物方式有所变化。之前需要农副产品,大都去超市或其他途径购买,如今越来越多的人有了觉悟,将眼光有意落驻到"扶贫渠道"。对于公司而言,企业运用"社区消费扶贫"这一公益抓手,增强了职工的使命感和责任感。对于我自己而言,从小生长在红旗下,多年以来受到组织栽培,如今作为社区消费扶贫的组织者和参与者,也体会到"先天下之忧而忧"的快乐和满足,精神也升华了。

问:人们对于"真假扶贫"难免心存疑惑乃至怀疑。你们是如何让消费者认同"一斤市集"、直播认购等扶贫消费方式的?其与商业消费本质区别在哪里?

答:我觉得人们心存疑虑很正常,即便他们去农贸市场或超市购物,也会仔细甄别质量优劣或价格高低。对于我们而言,认定了社区消费扶贫是于国于民有利的事情,就会坚定地去落实,即便遇到不解甚至误解,也会努力点燃公众爱心,鼓励他们着眼于公益价值,而非一味地纠结于产品使用价值。不以盈利为目的,扶贫消费与商业消费还是有区别的。

问:事实上有没有遇到不理解的消费者或是业主?

答:当然有,这并不奇怪。"社区消费扶贫"是创新型公益事业,是需要抱以主动奉献、和谐社会精神的,也属于自愿参与,不能强求。我们需要做的,是将宣传做到位,除宣传海报、微信公众号推广外,也组织一些业主座谈会等等,把实际消费的案例以及引起的积极正面影响,尽可能充分地呈现给消费者和业主,争取更多人的认同。

问：想象中的扶贫和现实里的扶贫，你感觉存在什么差异吗？

答：人们常常表示"理想丰满"与"现实骨感"。客观上，在扶贫方面也存在类似情形。譬如，对于消费者参与度、扶贫消费的可持续性，我们最初的预期与现实是有差异的。另外，我们从一开始认为扶贫就是捐钱捐物，到后来意识到让贫困户学会自身"造血"更为重要。对于如何使这项工作能够行稳致远，也有待进一步探索。

问：您个人喜欢从事公益项目？是否愿意继续坚持去做？

答：当然喜欢，也会持续做下去。授人以鱼不如授人以渔，这是"社区消费扶贫"优于传统扶贫的更大价值体现。这种方式的扶贫，不仅能让参与者获得实质性的收获，更带动了被扶贫者的脱贫能力，为其增加了自主脱贫的手段。我想，扶贫不仅仅有付出，也有收获。我们收到了来自各个扶贫地区的锦旗，收获了口碑。扶贫其实也是一种双赢。

"以购代捐"是长久之道
"授人以渔"乃扶贫之本

访安徽省长城物业管理有限公司副总经理窦舜

文 | 微尘

  窦舜，一位"80"后高颜值资深物管企业职业经理人。我初见他时，他穿着深蓝色西装外套、白色衬衫，打着领带，笔挺地坐在办公桌前工作，胸前戴着的党徽熠熠生辉。犹如他所在企业提出的"打造行业标杆"的发展战略一样，窦舜的目标也是成为全省乃至全国物管人员中的"标杆"之一。

  从2008年进入安徽省长城物业管理有限公司以来，他和企业共成长、同进步，见证着企业从最初管理农垦系统住宅小区1万多平方米的项目开始，到如今成为省内首屈一指的标杆企业。用当下流行的"凡尔赛体"形容安徽省长城物业，应该是这样的：他只是一家普通的物业管理公司，管理总项目面积超5000万平方米，服务的业主有省委省政府，连续五次荣获"中国物业服务百强企业"荣誉。

  说到扶贫之路，窦舜称，这要从企业的发展史说起。安徽省长城物业管理有限公司于1999年在合肥成立，隶属安徽农垦集团，当时管理集团名下的一些门面和职工宿舍楼，面积仅万余平方米。2005年，企业完成改制。安徽省长城物业资本由原来的国有独资，转变为混合制企业。完成改制后的公司，经过三个阶段的发展走在了安徽省物业管理行业的前列。

  第一个阶段，从2006年—2010年，是安徽省长城物业的"大跨越"时期。通过转型升级，公司取得一级资质，为后期的快速发展奠定了基础。

  第二个阶段是从2011年—2015年，这是企业"大发展"时期。通过内部管理、制度完善、基本功的修炼，公司整体实力逐步提升，承接了一批规模较大的住宅与

窦 舜
安徽省长城物业管理有限公司副总经理

优质办公楼,尤其在先后承接"合肥要素市场""安徽省行政中心 1 号楼"项目后,省委省政府成了其服务的业主之一,安徽省长城物业的市场知名度得到极大提升。在这一发展阶段,安徽省长城物业的管理规模和整体实力得到较大的增长,管理业态也由原来相对单一的以住宅为主,转变成以高等院校、医院、政府办公楼等多种项目共管的物管企业。2015 年,安徽省长城物业获中国物业管理协会颁发的"2015 年物业管理综合实力百强企业"荣誉。

第三个阶段是从 2016 年—2020 年,是企业的"大提升"时期。安徽省长城物业确定了以"品牌为导航"的发展思路,把品牌建设作为企业发展的生命线。同时高度重视提升物业管理品质,通过"推品牌""抓学习",通过团队建设、制度完善,公司的整体服务品质得到了空前提升。2016 年,获中物协颁发的"2016 中国物业服务百强企业"荣誉;2018 年,荣获中物协颁发的"物业服务综合实力测评 TOP100"荣誉,并于 2019 年和 2020 年连续入榜,同时在全国的排名也有了大幅的提升。在这一阶段,安徽省长城物业制定了一体两翼的发展战略;保持整体多业

"社区的力量"合肥站启动现场,居民纷纷参与市集活动

态发展模式不变;着重发展以"政府"和"院校"为主的公建项目。

窦舜介绍称,在接下来即将拉开的下一个"五年"内,公司将以"树标杆"为目标,在培养一批高学历优秀管理人才的基础上,推动企业标准化建设,学标建标,将企业打造成为行业标杆。

目前,安徽省长城物业在管项目有200多个,在省内多个地市以及省外多地设有分公司,除了连续荣获"中国物业服务百强企业"荣誉之外,还荣获安徽省物业管理"十强"企业、合肥市首届"十佳"物业管理公司、2016年合肥市物业协会"综合实力五十强"排名第一等众多荣誉。

在殊荣的背后,是安徽长城物业众多物管人员的深耕细作、精雕细琢。"怎么样树标杆?一杯水的热度、电梯内空调温度、发言人话筒的高度,我们都要力求完美,让业主感受不到服务的存在,那就是最好的服务。"

在20年的发展进程中,安徽省长城物业一直将企业口碑放在首位,发挥"党建引领"作用,担起企业社会责任。在助力脱贫攻坚方面,安徽省长城物业一直走在了行业前列。这也是公司发展的重中之重。

"在这之前,我们基本是采取捐款捐物的方式开展扶贫工作。"窦舜称,"2019年4月,中国物业管理协会发出《关于开展'社区的力量'消费扶贫攻坚战专项行动的通知》后,我们积极响应党委、政府及协会的号召,开展线上线下多种方式扶贫，贡献'社区的力量'。"

一年多的时间内，安徽省长城物业在扶贫领域逐渐走出了一条具有物管企业特点和长城物业特色的扶贫道路。

线上线下相结合。2019年8月6日，安徽省长城物业开通了"乐农社"线上消费扶贫助农店铺，线下通过社区宣传推广的方式，让广大居民知晓"乐农社"。截至2020年11月23日，安徽省长城物业积极在所管项目中推动线上消费扶贫，累计消费扶贫金额61.9万元，累计消费扶贫斤数11.7万斤，获得"消费扶贫企业贡献奖"，2019年位列安徽"社区的力量"榜单第一，2020年位列全国"社区的力量"榜单第九。

2019年11月9日，安徽省长城物业作为合肥扶贫日的主会场，在服务小区"滨湖国际花都小区"举办"社区的力量一斤市集"活动。"一斤市集"是借助社区资源，以"带一斤回家"为理念，通过物业服务企业动员千万户业主家庭共同参与，以买代帮，以购代捐，有效发挥物业服务企业的桥梁纽带作用，搭建贫困地区农副产品和城市社区家庭消费扶贫的对接平台，让"社区的力量"成为脱贫攻坚战的有效助力。"一斤集市"上，遴选了洛川红富士、富平琼锅糖、五莲黄金霸王梨、代县酥梨、泗水烤花生等多款优质产品进行展示及试吃，往来社区居民纷纷驻足品鉴、购买，助力消费扶贫。"乐农社"平台得到大力推广，发挥重要的平台作用。在消费扶贫中，"滨湖国际花都社区"以5700斤扶贫产品销量，荣获"消费扶贫榜样社区"荣誉。

在"以购代捐"的扶贫实践中，窦舜发现，小区业主之间凝聚力变得更强，社区氛围变得更加融洽。即便遇到了一些小的物流或售后问题，在经过解释后，业主也都表示理解，"毕竟是带有扶贫性质的公益活动，一些瑕疵问题，大家都能很快理解"。

党建与扶贫相结合。党建引领全局，是长城物业工作宗旨。安徽省长城物业目前有党员职工100多名，共有十个党支部，党员干部在扶贫工作上充当先锋作用。在党员干部的带领下，企业职工积极通过线上购买扶贫农产品，企业本身也积极参与采购。公司和员工用自己的行动倡导全体业

主积极参与，形成购买力上的良性循环。

2020年5月12日，在党建引领下，安徽省长城物业认领了36亩青稞地，牵手36位藏区小朋友。当绿油油的青稞苗还在茁壮成长时，它们已经有了销路。待产品成熟后，它们将通过安徽省长城物业搭建起来的公益扶贫通道，被运到合肥。虽然远隔千里，因为安徽省长城物业建立的纽带，城市社区业主与藏区同胞建立起心与心的连接。安徽省长城物业通过认购藏区青稞地的方式，建立起了企业与藏区的可持续帮扶连结，帮助藏区儿童健康成长，促进藏族人民群众持续增收。

据了解，通过线上平台认领签约的方式，安徽省长城物业自掏腰包，花费244,800元做这项公益活动。之所以认领藏区贫困农户家中36亩青稞地，是因为当地一个班级小朋友的人数大概是36人。长城物业的认购行为将解决一个班级学生一年的学费和生活费用。

而企业最终购买的青稞米、面等成品，将送往敬老院、儿童福利院等爱心机构

物协领导带头下单助农

以及长城物业服务社区中的贫困业主，真正让爱心得以传递扩散。"通过这种方式，我们将千里之外的爱心传播到全国各地，让爱串连成珠。"

公司发展战略与扶贫相结合。安徽省长城物业将"人才培养"作为未来发展的重要战略。在引进优秀人才时，长城物业来到了当地金寨县的贫困地区，进行专场招聘，吸引了一批优质人才加入。"既给他们提供稳定的就业机会，解决家庭收入问题，又给我们企业壮大了人才队伍。这是一项双赢的举措。"

问： 公司参与消费扶贫的初衷在哪？

答： 我们公司原本就属于农垦集团，是国有企业的根，而且与农民息息相关，因此，支持农村发展，帮助农民脱贫致富是我们义不容辞的责任。另外，公司能有今天的成绩，离不开党和政府以及社会各界的大力支持。响应号召，肩负起社会责任，是我们回馈社会的一种方式。我们会继续不遗余力地将各种公益事业开展下去。

问： 与之前的捐款捐物相比，"以购代捐"的特点在哪？

答： 实施消费扶贫，是有利于动员社会各界来扩大贫困地区的产品和服务消费，调动贫困人口依靠自身努力实现脱贫致富。授人以鱼不如授人以渔。消费扶贫可以促进贫困人口稳定脱贫。脱贫之后，在今后的农民增收以及乡村振兴上，都可以持续发展。有利于贫困地区的现有产品的降本增收，激发贫困地区脱贫致富的内在动力。因此，这个平台所连接的消费扶贫，不只着眼于现在，更大的是着眼于未来。

问： "乐农社"平台建设的意义在哪？

答： 这个平台的建设，带动贫困偏远地区农产品电商发展，同时增加就业，形成了密切的产销衔接。有利于贫困地区的特色产业长期培养，从农业种植、包装、物流配送、营销、推广等环节创造就业机会，培养农村电商人才。在移动媒体高度发展的今天，扶贫电商参与后，扶贫变得人人可为、人人乐为，既满足了社区人员对生态农产品的需求，也促进了贫困地区产品的销售力度，是双赢的结局。另外，平台上均是经过认证的贫困地区产品，无掺假的机会，是真实而有效的扶贫。

专注医院后勤一体化服务
将抗疫与扶贫充分结合

访合肥美而特物业服务有限公司董事长常征

文 | 微尘

"此次受到省委省政府的表彰，激动之余，深感荣幸，更觉任重而道远。美而特人临危而进，攻坚克难，展现专业的力量，助力所驻医院积极应对，精准施策，取得抗疫工作决定性胜利。受到表彰不仅仅是我们美而特物业的荣耀，更是省委省政府和全省人民，对全省40万物业人的高度认可和关怀。"这是2020年12月7日，常征在公司获得"安徽省抗击新冠肺炎疫情先进集体"后的获奖感言。

表彰大会上，安徽省委书记李锦斌、省长李国英为受表彰的个人和集体颁奖。

作为全省唯一一家荣获"安徽省抗击新冠肺炎疫情先进集体"殊荣的物业企业，合肥美而特物业服务有限公司接受着最高规格、最高礼遇的表彰。荣誉背后凸显的是全体美而特物业人的责任与担当，是对美而特物业公司践行公益行动中，将抗疫与扶贫充分结合所取得成绩的一份肯定与鞭策。

常征介绍，合肥美而特物业服务有限公司成立于2013年1月。作为一家民营企业的带头人，在公司成长的近8年时间里，一直关注扶贫工作，并带领公司参与脱贫攻坚行动。在响应各级政府和行业协会相关扶贫活动的同时，还结合物业项目多、分布地域广等实际情况，积极推动用工扶贫、消费扶贫，变跟踪"输血"为帮助"造血"，并妥善解决贫困地区员工的现实困难。同时激励员工向上向善，在实现自身可持续发展的同时，与社会和谐共成长。

常年来，美而特公司专注于医院后勤一体化服务，运用科技力量赋予医院物业服务新动能，以"学习型、科技型"为目标，专门建立信息化研发团队，把科技融

常 征

合肥美而特物业服务有限公司董事长

入到物业服务的各个场景，实现了信息数据化、服务智能化、管理智慧化，为各方提供更加高效、有温度、人性化的服务。2018年以来，美而特公司在全国物业服务企业综合实力测评中跻身百强，并获评"医院物业服务领先企业"。

在为医疗机构及医患群体提供高品质后勤支持的同时，该公司也将助力脱贫攻坚工作与所服务的众多医院项目相结合。

"作为企业来说，不能以赢利为最高使命，而要扛起服务社会、造福大众、改变生活的崇高使命，并以此作为企业文化的核心，为消费者提供高质量的产品和服务。"常征说，过去，他们开展扶贫工作大多只能解决贫困地当时的急需，即使当地有特色产业和农产品，也因为订货渠道、发货途径、运营成本等问题，导致延续性不够好，只能跟踪"输血"，不能帮助"造血"。2019年4月，中国物业管理协会与中国扶贫联盟等单位联合发起的"社区的力量"消费扶贫攻坚战专项行动，就很好地破解了这个难题，特别是开发的"乐农社"平台，让贫困地区的农特产品从线下走到了线上，减少了运营成本，也方便企业和广大业主购买。仅2019年，该公司就投入近20万元参与行动。美而特公司还利用社区渠道资源，发动广大业主和合作伙伴积极购买扶贫产品。2019年12月，公司被中国物协授予"企业消费扶贫贡献奖"，所服务的中国科学技术大学附属第一医院（安徽省立医院）南区、中国科学技术大学附属第一医院西区（安徽省肿瘤医院）、颍上县人民医院3个社区，荣膺"消费扶贫榜样社区"。

在全国抗击新冠肺炎疫情期间，美而特公司除了物业服务外，还承担着安徽省卫健委机关及多家医院的饮食保障工作。对农产品的急切需求，决定了扶贫工作不仅不能断，而且比以往力度更大。受疫情影响，就餐人数增加后，储备食材告急。为此，公司积极与对口帮扶的贫困村以及农村发展促进会等单位联系，并得到了各方的鼎力支持，让农产品直接从蔬菜大棚进入操作间。为了让扶贫产品能快速进入千家万户，员工们经常加班加点。"我们不仅有效保障了每日三餐供应，还为上夜班的医护人员提供夜宵、点心。考虑到医护人员工作忙，买菜不方便，也避免去菜市场引发交叉感染，餐厅积极为他们想办法，提供洗净后的新鲜优质蔬菜等食材，方便干部职工居家之需。"

疫情发生后，美而特公司全体员工迎难而上，坚守岗位，先后有60多名员工向公司递交请战书，要求到救治新冠肺炎患者的医院参与工作；中国科学技术大学附属第一医院(安徽省立医院)南区物业项目部员工踊跃献血，以缓解血库告急问题；霍山县医院物业项目部员工自发捐款交给医院，用于疫情救治工作，受到医院领导肯定。2020年4月，美而特公司被合肥市物业行业党委表彰为"抗疫工作成效突出物业管理项目"。公司的疫情防控经验还作为长三角地区唯一成功案例，被长三角医院建设与运维国际论坛组委会和安徽省医院协会后勤管理专业委员会授予"抗疫保障优秀案例奖"。

另外，在中国物协等单位的共同努力下，美而特公司展开的定向资助也发生了变化。2020年5月，该公司作为首批10家认购单位之一，参与了"藏区青苗牵手计划"专项公益行动，确立了针对日喀则曲当中心小学四年级二班42名学生的定向资助计划。根据计划，公司向受托单位认购青稞田，由受托单位负责种植和收割，并为孩子们提供学习、生活等方面的资助；待青稞产品成熟时，受托单位则向美而特公司提供与认购金同等价值的青稞产品。"通过参加这项行动，我们不仅帮助了藏区贫困儿童，促进了藏区青稞产业发展，公司的投入也得到青稞产品的回报。"

除了参加中国物协开展的消费扶贫外，美而特公司还参加了安徽省内一些贫困地区的扶贫工作。如全省12个"挂牌督战村"之一的安庆市太湖县牛镇镇同义村，以及革命老区六安市裕安区独山镇太安村。对于这两个村，美而特公司运用的也是消费扶贫方式帮助脱贫。考虑到当地农产品受季节影响比较大，网上销售之门尚未打开，订货渠道、发货途径都有一定的限制，美而特公司选择结合重大节日等时机集中采购。

"两个村都是有产业、有产品的村，主要的难题在于产品销路比较窄。像这样的村落，全国应该还有很多，他们的产品都是城市餐桌上很需要的绿色食品。如果有更多的单位像中国物协这样主动协调、积极参与进来，让农产品从线下走到线上，我坚信，不仅各方都能受益，而且扶贫工作才能真正走出一片新天地。"

常征认为，在向大家宣传消费扶贫时一定要坚持实事求是的原则，杜绝夸大其词。不论是消费者还是业主，购买扶贫产品都是建立在自觉自愿基础上的。也就是

▲ 美而特荣获"社区的力量"消费扶贫先锋力量荣誉称号
▼ 美而特物业和西藏学生在一起

因为坚持了实施求实原则,到目前为止,美而特公司所参与的消费扶贫过程中,没有见到消费者或者业主不理解的情况。"如果真出现了这类情况,仍然要坚持实事求是,主动面对,不回避,认真倾听他们不理解的具体方面,妥善解决他们的关切。"

在常征看来,参与扶贫工作,是爱心传递、温暖送达、心灵净化、正能量弘扬的过程,这也是企业发展壮大、员工成长进步所必需的"营养"。扶贫帮困教育、影响了一大批员工,形成了"奉献自我,照亮他人"的独特企业文化。"我个人在扶贫中,也对'帮助他人、快乐自己'有了更深刻的感受。"

问:"一斤市集"、直播认购等扶贫消费方式,与商业消费本质区别在哪?

答: 当前,网络直播销售贫困地区农产品的形式很多,如何甄别真假扶贫,中国扶贫联盟给我们做了很好示范。他们在提供的贫困县域农产品时,专门附带一份由当地政府出具的贫困证明,甚至贫困农户的详细情况也做了简介,增强了扶贫工作公信力。另外,消费扶贫的目的在于"以买代捐、以买促捐",而商业消费强调顾客至上、质价相符,二者有着本质的区别。

问:线上消费扶贫与传统扶贫相比,最大的特点在哪?

答: 扶贫方式不同。想象中的扶贫是在线下实施,而这项扶贫行动全部在线上完成,节约了农产品流通中运营成本、宣传成本。扶贫对象不同。想象中的扶贫是直接帮扶贫困户,而这项扶贫行动更多的是对贫困地产业发展的支持,既打开了贫困户农产品的销路,也促进了他们在家门口就业,实现了从"输血"扶贫向"造血"扶贫的转变。扶贫效果不同。想象中的扶贫只有企业和个人在做,宣传面不大、参与度不高,而这项扶贫行动不仅自己参与,还能发动业主和合作伙伴携手参与,既形成了蝴蝶效应,又让企业的自身品牌形象得到了很好的展现。

问：社区消费扶贫的过程中，你遭遇最棘手的事情是什么？

答： 棘手问题没有，但担心是有的。社区消费扶贫最大的风险点，不在于产品能否从产地出得来，而是产品能否赢得客户认可，售后服务是否到位。这也是在开展这项行动时，我个人比较担心的。因为我们不仅自己购买，还扮演宣传大使的角色，发动广大业主购买。然而，我们并不是供货方和生产方，对售后工作一无所知。如果产品不符合业主要求，不仅影响他们的购物体验，也降低了对我们的信任度。不过总体来说，业主对产品还是比较满意的。到目前为止，我们没收到这类投诉。

问：企业一直坚持做公益事业，初衷在哪？

答： 关注贫困，助力脱贫，这是每个企业应当承担的社会责任。企业越大，承担的责任也就越重。我个人认为，扶贫工作永远在路上。对于个人来讲，是送人玫瑰手留余香，帮助他人、快乐自己；对于企业来说，是教育引导员工的一种独特形式，是激发员工向上向善的无穷力量。今后，公司将一如既往地真心实意投入到扶贫和社会公益事业中去，也希望公司和广大员工能在这样一个爱心传递、温暖送达、正能量弘扬的过程中，与社会共同成长，越走越远。

"扶贫，是一种理想"

访安徽信达建银物业管理有限公司总经理霍建忠

文 | 忻达

"大道之行，天下为公"。这是孔夫子在两千多年前所描绘的远大而美好的社会蓝图，也是为后世所熟知并不断追求的"大同"理想。

大同社会里，人人接受社会关爱，各尽所能，安居乐业。为了实现这一终极理想，历朝历代的华夏子民，心怀天下，孜孜以求。而当党中央、国务院发出了扶贫攻坚战号角，这正是中华民族朝着"大同"理想所迈出的重大步伐——"扶贫济困，实现共同富裕"。

这一理想，早已深深融入了当代中华儿女奋斗的血液中。

深耕物业二十余载，始终勇挑社会责任

安徽信达建银物业管理有限公司是一家物业服务企业，也是当前万千理想大军中的一员。它成立于 1997 年，为安徽信达房产全资子公司，隶属于央企信达地产股份有限公司，有着广阔且坚实的企业背景，深耕物业服务领域二十余年，同时也一直勇挑社会责任。

"扶贫，也是我们的一种理想。"信达物业总经理霍建忠匆匆从小区赶回，见到我们脱口而出，表达了对当前物企助力扶贫的看法。他热情接待了笔者，连连解释因为在小区查看服务工作而略延了访谈时间，言语平易温和，神情略带疲惫。

"信达，从来都是一个有理想的品牌，"霍建忠坚定地说，"从信达地产的'建筑传递梦想'，到信达物业的'服务传递梦想'，我们都努力把理想融入企业的发展，把理想融入工作的细节。当前，助力国家的扶贫大计是我们的责任，更是我们的理想，

霍建忠
安徽信达建银物业管理有限公司总经理

义不容辞。"

  霍建忠的办公室装饰较简,书柜里却陈列着一排排红色书籍,办公桌上放置着党章党旗、党员手册、习主席的《谈治国理政》,墙面挂有"天道酬勤"四个大字,笔力苍劲,颇增雅致。他告诉笔者,他是军人出身,入党三十载,党员身份早已是他默认的"第一身份"。

  "中国信达,入选了'最具社会责任上市公司';而信达物业,在中国信达和信达地产党委的领导下,也一直致力于传承信达企业的社会责任,发挥物业服务的行业特殊性,为践行企业理想创造更多的空间与便利。"霍建忠同时也强调,"助力扶贫,对物业企业而言,也是一盘大棋,光有理想、有传承是不够的,还要结合企业实际,有计划、有步骤地落到实处。"

"欲扶贫，先强己"

"欲扶贫，先强己"，是霍建忠非常注重的"第一要点"。他认为，稳扎稳打，夯实基础，踏踏实实搞好主业，细细致致做好服务，提升企业的品牌和口碑，提升客户满意度，提升影响力，这是企业发展兴盛的根本，更是为可持续地助力扶贫提供源动力。

多年来，信达物业一直努力把"诚信达天下 服务千万家"的口号落到实处。面对所服务的业态，从前期介入到全面接管，从管家服务到秩序维护，从环境清洁到绿化养护，从工程维保到大项维修，从高端精致的案场服务到丰富多彩的社区文化，从繁杂细碎的园区管理到高端大气的智慧化建设，信达物业既放眼于全生命周期服务，又踏实落脚于每一处细节。自成立以来，信达物业先后荣获"合肥市综合实力三十强""合肥市物业管理'十佳'先进单位""合肥市文明创建先进集体""安徽省物业服务优秀诚信企业"等多项荣誉称号，并于2020年跻身"全国物业企业服务综合实力500强"，在企业规模、服务品质、品牌口碑、行业形象等方面都实现了跨越式的提升。

综合实力增强的背后，是企业影响力的提升。正如霍建忠所说："我们首先要把主业做好，让广大业主住得舒适、安心，有幸福感，让业主对信达品牌有认同感、信任感，这样才能凝聚更多社区的力量，携手共助扶贫大计。"

不断完善企业的社会责任体系

聊到企业的社会责任，霍建忠表示，这一点，是对提升品牌影响力的延伸。

"社会责任是系统性的，是长期性的。我们的社会责任体系越全面，我们赢得的品牌信任度就越高。"霍建忠对信达物业的社会责任体系建设信心满满。他认为，物业服务工作虽然都不是惊天动地的大项目，但优势在于服务面广，服务周期长，把责任担当融入日常工作当中，很容易达到"润物细无声"的效果。就拿形势严峻的2020年来说，信达物业便把社会责任担当拓展至广大业主的家门口和波涛汹涌的"抗疫"前沿。

扶贫帮困,贵在"落实"

疫情期间,信达物业以"守护好大后方"为己任,全力保卫旗下各项目住户的安全。先后共启用抗疫人员1773人,在岗64100人次;购置口罩54800个,消毒水2520斤,热成像设备5套,手套16400副;完成园区全面消毒4036次,清理垃圾75934次;开展人员测温1056369次,车辆管理475037次,发放通行证73691份;还为业主提供暖心生活服务,代收外卖32983份,代购食材47836份,代收快递95361份,派送生活物资6370份。

防汛期间,信达物业除了提前做好汛期部署,减少园区雨水灾害外,还成立"防汛抗洪抢险预备队",值守巢湖、芜湖、马鞍山等多地防汛点,承担起夜岗、巡查、热水供应、物资储备供给等工作,对汛情持续监控,以保证出现洪水险情时后备力量充足。

在危急时刻挺立而出,为信达物业赢得了更多的业主认可、政府嘉奖和行业口碑,再加上日常工作中的爱心助学、爱心慰问、爱心捐赠、困难住户帮扶等多种多样的公益活动,信达物业的社会责任体系已然成形,并根据工作需求、社会需求不断完善着。

企业实力的不断增强，企业影响力的与日俱增，都为信达物业凝聚社区力量，助力扶贫攻坚奠定了坚实的基础。

努力探索"服务+扶贫"模式

霍建忠坦言："有了企业实力和影响力作后盾，再号召社区力量助力扶贫，其实就容易了很多。业主原本对我们就有信任基础，我们推广扶贫项目、助农产品，自然而然更容易受到信任。"他们的企业社会责任感，正是从日常服务中渗透出来，从公益活动中表现出来，感染了越来越多的业主，从而凝聚了越来越强的力量。

从2019年参加"社区的力量"消费扶贫攻坚战专项行动起，信达物业在"乐农社"消费扶贫平台，共购入扶贫农产品10.29万斤，实现扶贫金额47.46万元，在全国物业企业中排名第11位，在安徽省物业企业中排名第4位。这些扶贫成果，都依靠点点滴滴日积月累，来自于广大业主的充分信任与大力支持。

自推广消费扶贫以来，信达物业一直致力于开创"服务+扶贫"模式，从线上、线下两个维度，以物业服务带动社区扶贫。线上扶贫工作主要是通过信达物业的企业平台来完成，在"信达家园"小程序中增设扶贫商城，直接链接至"乐农社"消费扶贫网站，以便于业主、员工等进行浏览、采购；再通过"信达家园"公众号，多次对国家扶贫方针、消费扶贫政策、企业扶贫动态、社区扶贫活动等相关内容进行全面、细致的宣传报道，以增加广大业主群体对消费扶贫的感知与共鸣。在线下活动方面，信达物业积极参加国家扶贫办开展的公益项目，如"认购藏区青稞田，助力藏区贫困学生"等，还通过集中采购助农产品，再制作成电子兑换券，赠送给积极缴费的业主，引导业主至助农平台进行兑换、消费等，让大部分业主都有机会参与到消费扶贫的大军中来。在疫情期间，信达物业还采购了湖北恩施扶贫富硒米约5200袋，助力湖北经济复苏。另外，热闹的社区市集，已然成为信达物业众多社会活动中的一项特色。客服人员一边宣传消费扶贫政策，一边介绍各类助农产品，还把农产品加工成精致美味的甜点，请业主品尝，活动现场气氛活跃，取得了良好的宣传效果。

"其实，扶贫不用那么严肃。"霍建忠一边展示扶贫的奖杯证书，一边告诉笔者，

扶贫产品由此飞入千家万户

"消费扶贫,这种方式非常科学,链接供求,授人以渔。所以,我们也力求在服务中、在活动中,去给业主介绍更广阔、更具意义的购物渠道,让购物消费轻轻松松,也让扶贫不再费力、不再刻意。"霍建忠说着,明亮的双眼扬起了笑意。

  通过访谈,笔者切实感受到,在消费扶贫行动中,一名党员干部的质朴初心;感受到一家服务企业的奋进历程,以及一个品牌的美好愿景。"大道之行,天下为公"。当越来越多的人,心系民众,助力扶贫,社会便会朝着"大同"理想又迈出伟大而坚实的一步。

"扶贫是一种红色担当"

记开元物业以消费扶贫彰显红色情怀

文 | 圆圆

2020年是中国共产党建党99周年,是全面建成小康社会目标实现之年,是全面打赢脱贫攻坚战收官之年。习近平总书记强调,"我们在脱贫攻坚领域取得了前所未有的成就,彰显了中国共产党领导和我国社会主义制度的政治优势。这些成绩的取得,凝聚了全党全国各族人民智慧和心血,是广大干部群众扎扎实实干出来的。"

开元物业,作为一家有强烈社会责任感的企业,在做好自身恪守的同时,始终把为社会奉献资源、能量,实实在在为更多同胞提供力所能及的帮助视为己任。特别是近几年,他们在公司发展的快速期,更是把社会公益当成一件和企业经济赢利并重的事来做。

"企业是绝对不可能和社会脱离的,企业内部也要时刻保持红色党性的气质。"这是谢建军经常说的一句话。谢建军,浙江开元物业服务有限公司党支部书记,也是杭州市物业管理行业党委委员和萧山区物业服务企业建设促进会党委副书记。他始终以一名基层党组织带头人的行为准则带领着全体员工努力奋进,服务社会,力求以党建引领企业发展,把党组织的先进性应用到企业发展中,营造正向的政治氛围,让党建工作和企业发展相得益彰。

正是在谢建军这样的党建思想引领之下,开元物业近年来投身公益,业绩显著。

2019年4月,中国物业管理协会发出《关于开展"社区的力量"消费扶贫攻坚战专项行动的通知》,他们积极响应,深刻理解"社区消费扶贫"的概念,将"一斤集市""认购一亩青稞"以及"恩施助学行"等扶贫活动搞得有声有色,激发了广大业主的积极参与,也赢得了社会各界的赞誉和支持。

谢建军

浙江开元物业服务有限公司党支部书记

身体力行，积极帮扶助农产品

2019年9月至2020年9月，在这一年时间里，开元物业党支部通过组织爱心捐款活动，一共募集资金7万多元，捐助了包括阿克苏市第十五中学教育集团三所子弟学校、湖北建始县长梁民族小学、重庆市城口县龙田乡家庭经济困难学生和贵州从江县第一民族中学"萧从班"基金会等四个项目。他们又通过中国物业管理协会、中国社会扶贫网等途径，帮助贫困县农户推销了6万多斤农产品，同时积极参与到西藏"青苗牵手计划"中，以切实的行动促进藏族贫困农户实现"可持续增收"。

2019年10月，"社区的力量"消费扶贫攻坚战专项行动杭州站启动仪式在杭州翡翠城举行。当天活动还设十个分会场，与主会场同步进行启动仪式，开元物业杭州萧山湖滨花园项目是其中一个分会场。在活动现场，开元物业本部和直属大区党员佩戴党徽齐齐出现，成为一道靓丽的风景：他们有的给围观的业主介绍消费助农产品及其活动的目的、意义，有的认真维持现场秩序，有的和供方单位深入交流，体现了"社区的力量 前线的能量"。在这天的"一斤市集"中，各大区、事业部纷纷举牌认购助农产品；许多业主不仅品尝和购买到了满意的东西，更学到了有关生态山区无公害农产品的知识，纷纷表示这种活动好，不仅在"家门口"能便捷地买到健康养生食物，还对贫困家庭作出了贡献，精神上也感到满足。

2019年12月，开元物业中部大区荣获河南省物业服务行业扶贫明星企业，定点产业扶贫上岗村。紧接着，在"社区消费扶贫"系列活动中，各大区、各项目捷报频传，纷纷交出不俗的成绩：开元医养家总贡献6546.38斤的销售量；徐州翡翠谷总贡献5380斤的销售量；嘉兴河畔名邸总贡献3596.22斤的销售量；上海怡林花园总贡献2626.57斤的销售量；杭州湖滨花园总贡献2878.72斤的销售量；宁波绿地海外滩总贡献2120.7斤的销售量……开元物业运用公司官方微信平台，以及公司强大的宣传架构和组织体系，组织社区的力量积极参与消费扶贫活动，在短短三个多月时间里，实现了扶贫助农产品总销售量逾6万斤，切实为贫困户雪中送炭，帮他们解决了燃眉之急。

红色大爱，奉献藏族同胞

在疫情肆虐时期，开元物业开启了与国家共进退的抗疫模式。

2020年1月起，在疫霾笼罩的日日夜夜里，开元物业党员职工积极发挥带头作用，率领各项目服务人员坚守岗位，严防死守，为业主牢牢地守好"第一道防护墙"。3月，疫情形势渐好，中国物业管理协会和中国社会扶贫网下发《关于开展"社区的力量——藏区青苗牵手计划"专项扶贫行动的通知》，他们积极响应号召，通过种植基地认领方式，建立社区——藏区的可持续帮扶连结，帮助藏区儿童健康成长，促进贫困藏民持续增收。

开元物业一直坚持公益扶贫之路。他们积极贯彻习近平总书记关于"我们要努力克服新冠肺炎疫情带来的不利影响，付出更加艰辛的努力，坚决夺取脱贫攻坚战全面胜利"的讲话精神，借助"社区的力量——藏区青苗牵手计划"的契机，在5月认购了西藏自治区日喀则市江当乡青稞种植基地中的青稞12亩，并于6月18日与100多家认购企业一起，在基地举行了专属立牌仪式，圆满地完成了社区与藏区爱心连结的最后一环。

"我们相信，这近千亩的公益认购地块，就是千万颗希望的种子，待到丰收之际，终会结出一片幸福的青稞海洋。"他们对这项精准扶助西藏青稞种植户的效果信心十足。

不远千里，带去助学教育

当下，教育早已成为重中之重，受到各方面的重视。但毋庸讳言，在一些经济相对落后的偏远山区，不少孩子仍然缺失良好的阅读理念和阅读资源。

2020年10月，开元物业带着公司党支部、工会的重托，奔赴湖北恩施土家族大山深处的两所扶贫助学定点学校——恩施石桥湾小学、恩施猫儿坪小学，开展"祺悦读·祺分享"读书&捐书活动。公司精心挑选了各类适合小学阶段阅读的全新课外书籍5847册、大型钢质书架4组，千里寄送，充实丰富了孩子们的阅读资源。同时，九三学社社员、中国青年书法家协会理事、开元物业品牌总监姚华强题写"祺阅图书室"匾额相赠；此外，姚华强和随行成员还利用自身专业素养，精心准备了一堂书法课、一堂文学写作课，给孩子们带去了别样的教学体验和知识收获。

类似这种不远千里的爱心助学之行，在开元物业是一种不定期的持续性行为。公司上上下下全都认同，只有教育才能真正帮助贫困百姓脱贫，只有读书才是贫困孩子和家庭的最好出路和希望。所以，开元物业表示：将竭尽所能，定向、针对性地筛选好助学对象，无论帮扶的对象是个人还是学校团体，无论提供的是物质还是精神食粮，只要有用，都会坚定地去付诸行动！

成绩背后，更多思考

2019年11月8日，"社区的力量"消费扶贫专项活动第二阶段成果做了"验收"，开元物业位列全国物业扶贫综合荣耀榜第五名。

2019年12月11日，中国社区扶贫联盟第二届理事大会暨"社区的力量"2020年工作部署会议在北京隆重举行。在会上，开元物业荣任中国社区扶贫联盟理事单位，荣获"'社区的力量'消费扶贫企业贡献奖"，多个项目、事业部还获评"社

▲ "一斤市集"暨消费扶贫月活动现场
▼ "消费扶贫"从社区启航

区的力量"消费扶贫榜样社区。

开元物业管理公司党支部书记谢建军说:"成绩和荣誉,代表着社会对我们的肯定。我们所做的事情大家都看在眼里,这是好的。我们会更加坚定地把公益、扶贫、助学等有意义的事做下去!但是,我们也要看到许多背后的问题,要去深度思考。"

> 是的,扶贫助农也好,扶贫助学也好,我们争取的不只是表面问题的暂时解决,而应该着眼于根部问题的彻底解决,即"授人以鱼,不如授人以渔"。我们思考到,让贫困户掌握一定的现代网络销售知识,就不必依靠我们去销售库存;让孩子树立读好书就有未来的盼望,也能帮助山区优质教师的队伍稳定。这些都是非常有效的"根本性的帮助"。

谢建军表示,开元物业各级党组织和广大党员、员工,将牢记初心使命,明白自己作为一个物业人,要如何利用现有的社区资源,积极发挥先锋模范作用,去实实在在地为扶贫助农做实事,利用所管理的社区将"一斤市集"等消费活动进一步常态化,扩大化。

他在公司"社区消费扶贫"工作总结会议上说:"你们不要以为扶贫就是给他们卖卖东西,帮他们吆喝吆喝,那就大错特错了!扶贫活动是一种红色担当,是我们开元物业彰显红色情怀最好的体现!它意义非凡。我们要热爱它!"

这句话,凝聚了开元物业人的情怀和责任。

做社区与农户间的"绿色爱心桥梁"

记"社区的力量"消费扶贫战役里的奥园物业

文 | 黄永宽

11月23日,随着贵州省宣布紫云县等9个县退出贫困县序列,贵州全省66个贫困县全部实现脱贫摘帽。至此,国务院扶贫办确定的全国832个国家级贫困县全部脱贫摘帽!

这意味着,我国脱贫攻坚目标任务已经完成。

这是一个历史性的成就,其中凝聚了全民的爱心和奋斗,来之不易,令人振奋!

奥园物业是奥园健康生活集团(股票代号:3662)下属全资子公司,作为一家有着强烈社会责任感的企业,长期坚持公益扶贫工作,并结合企业自身优势,积极发挥社区的力量。助力打赢脱贫攻坚战。他们先后开展多项(次)扶贫行动,以消费扶贫、党建扶贫、公益义卖、爱心捐赠等多种创新形式,让"社区的力量"变得越来越强大。

消费扶贫以买代捐,健康食品走进社区

奥园物业是2019年7月开始参与中国物业管理协会及中国社区扶贫联盟举办的"社区的力量"消费扶贫攻坚战的。他们对于"以买代捐"的创新方式帮扶贫困山区非常积极,并且预料,在社区这一"最后一公里"组织开展消费扶贫,是大有作为的。

2019年8月22日,奥园物业在广州奥园城市天地成功地举办"社区的力量"奥园物业消费扶贫攻坚战暨社区党建公益行活动启动仪式。在热闹的现场,除了进行线下消费扶贫专项行动鼓动和展示外,还通过线上团购平台推广扶贫产品。活动的亮点在于，不少市民通过线下品尝，体验到来自老少边穷地区的绿色健康食品味道鲜美，纷纷下单购买。消费扶贫形成了现场一抹亮丽风景。而奥园物业进一步意识到，随着人们越来越重视健康，消费扶贫带来的有机天然优质食品不仅能满足都市人的自身需求，又能实实在在帮助贫困地区的农民群众增加收益，可谓一举两得。

消费扶贫成功地在奥园社区落地和推行后，奥园物业还想方设法扩大宣传，鼓励更多的业主投身到扶贫行动中，呈现来自奥园的觉悟和力量。截至目前，奥园物业"社区的力量"消费扶贫行动已为贫困山区销售超50000斤农产品。奥园物业的行动得到中国社区扶贫联盟的肯定和感谢信，并且获颁"消费扶贫榜样社区"称号及"扶贫助农先锋奖"荣誉锦旗。

疫情之下公益扶贫，细小善举彰显大爱

疫情突袭，为城乡生活带来许多不便，"居家隔离""交通阻断""封村""部分地区物流不通畅"等等成为2020年开年的热词，除了影响人们日常生活外，更

"物业人"的光荣时刻

奥园物业"社区的力量"消费扶贫活动现场

给无数农户造成产品滞销。一时间,普遍出现了这样的矛盾现象:一边是,城市居民忧心于"无法购买新鲜的蔬菜";另一边是,农村种植户因为"蔬菜积压,可能烂在地里"而寝食不安。

在中国社区扶贫联盟的引荐下,奥园物业获取了面临滞销农户的情况,立即联合奥园地产集团及奥园商业地产集团,有针对性地开展"菜你所想,蔬送爱心"专项活动,让一时积压的新鲜蔬果得以流通,把农产品及时送至奥园社区业主手中,也让业主在抗疫期间足不出户便能吃上健康的农产品,充当了城市社区与乡村农户之间的"绿色爱心桥梁"。

郑大林,家住四川省绵阳市平武县江油关镇垭头坪村,是奥园物业定点帮扶购买蔬菜的农户之一。当他看着一度积压的包菜被"爱心人"一车车顺利地运走,脸上愁云顿时消散,展露出多日不见的笑容。他家属于典型的贫困户,家中上有年迈双亲,下有待抚养的两个儿子,大儿子正上小学三年级,小儿子刚上幼儿园,一家六口居住在村里的一间破旧小屋里。整个家庭的生计,完全依赖于种植40亩菜地。今年恰逢丰收年,本应高兴的郑大林一家却因突如其来的新型冠状病毒疫情而陷入农产品大量滞销的困境。

得知情况后,奥园物业联合奥园地产,出资4万元购买该农户的滞销包菜以及其他新鲜蔬菜，并悉数免费捐赠给成都成华奥园广场 1800 余户入住业主。像这样的场景只是奥园物业扶贫行动的一小部分。奥园物业开展的"菜你所想，蔬送爱心"活动同时与奉节县桃溪镇等有需要协助的农户取得联系，并购买农产品脐橙、谷物鸡、蛋等。活动累计向贫困农户购买滞销农产品约 10 万斤，为将近 50000 户业主送上爱心助农蔬菜，助农金额将近 66 万元。

由于奥园物业在抗疫期间的积极作为，他们的公益行动得到中央电视台《新闻联播》《朝闻天下》、广东电视台、四川电视台、安徽卫视多家等多家主流媒体的关注与报道。一时间，"奥园有大爱，社区满真情"赢得社会多方的广泛点赞。

党建扶贫公益义卖，多方助力共建美好

奥园集团高度重视党建工作，在企业成立之初就建立了党组织，积极将党建工作与企业生产经营紧密结合。2013 年，奥园集团积极牵头成立番禺奥园社区党委，发挥在职党员进社区的先进领头作用，形成了社区党委、居委会、业委会、开发公司、

爱心助困，情暖学子

物业公司、社区生活组织"六位一体"的社区大党委工作模式。

在奥园集团党委统筹带领下，多年以来，奥园物业党支部积极开展社区公益活动。10月17日，在番禺区物业服务行业党委等单位的指导下，奥园物业党支部联合承办了"五彩社区 共筑未来"番禺区物业服务行业第一届爱心义卖活动。

爱心义卖活动既可让居民闲置物品实现流转，又能将义卖所得捐赠至贫困乡村。活动吸引了大批奥园社区业主、员工捐赠义卖及众多爱心人士的抢购。通过20余天的系列活动，11月6日，在爱心活动捐赠仪式上，主办方代表将26家物业企业联合筹集到的20余万元善款悉数捐赠至贵州省赫章县兴发乡铁柱幼儿园，改善贫困地区更多学子的学习环境。

除此之外，奥园物业各党支部及区域公司也积极投身公益活动。11月23日，沈阳奥园红色物业党支部及华北区域公司为沈阳市致爱学校的109名学生捐赠保温杯、围巾、糖果等爱心物资，为他们送去冬日温暖。11月25日，奥园物业重庆分公司盘龙壹号支部委员会及西南区域公司向四川省遂宁市船山区唐家乡初级中学捐赠了总价值近四万元的体育用品和生活用品，为120名家境贫寒的留守学生送上冬季防寒物资及文体用具。

奥园物业通过消费扶贫、党建扶贫、公益义卖、爱心捐赠等多种方式进一步拓展公益广度，实现社区居民参与公益活动便捷化、常态化，让更多奥园业主便捷地参与到扶贫行动中，共同为打赢脱贫攻坚战做出努力。

当下，脱贫攻坚目标任务已经完成，但不少贫困户的经济状况还比较脆弱，不少摘帽地区的产业基础还不够牢固。针对于此，奥园物业思考着"下一步"——如何巩固已取得的扶贫成果，防止一些地区出现返贫和新增贫困。他们表示，脱贫攻坚任重道远。在未来的日子里，他们将继续为公益扶贫事业贡献"奥园力量"。

当好农户和业主心中的"老房管"

访首华物业公司总经理助理庄万存

文 | 潘子璇

在学生年代,庄万存就参加过捐款捐物。助人为乐是父母和老师从小灌输给他的至理名言。转眼多年过去,他已是首开集团首华物业公司总经理助理、服务处经理兼北京众汇宜居科技有限公司董事长。作为一名有着 25 年党龄的老党员,他带领首华物业服务处的员工们组织了一次又一次扶贫活动。在疫情常态化防控下,他将社区消费扶贫融入日常物业服务中,为果农菜农送去温暖的同时,又给传统物业服务带来了新生机。

久困于穷,冀以小康。这是中华民族千年追求的梦想。2020 年是我国脱贫攻坚战的收官年。据官方统计,我国已脱贫的建档立卡人口中近 200 万人存在返贫风险。在边缘人口中近 300 万人存在致贫风险。收官之年又遭遇疫情,扶贫任务更显艰巨而伟大。11 月 23 日,一场新闻发布会传来捷报:832 个国家级贫困县全部脱贫摘帽。这意味着离全国脱贫攻坚目标任务的完成又近了一步。

在这场轰轰烈烈的扶贫战役中,有党和政府领导人民攻坚克难的意志和伟力,也有一支不可或缺的力量——一批中国企业和扶贫人士的参与和奉献。他们贡献的精准扶贫之中国智慧不可估量。首华物业和庄万存带领的众汇宜居科技有限公司就是其中的一个缩影。

庄万存戴着一副黑框眼镜,有着上个世纪末知识分子特有的谦和与内敛,给人亲和感。他向笔者介绍,若论资历,有着近 70 年历史的首华物业算是名副其实的"老字号"。

首华物业管理有限公司成立于 1953 年,业务覆盖北京 900 多个社区,是中央

庄万存
首开集团首华物业公司总经理助理

国家机关 2018—2020 年度物业服务定点采购入围单位，也是北京市市级行政事业单位物业服务定点政府采购项目入围企业之一。2015 年底，首华物业成立了子公司众汇宜居，开发 O2O 社区服务平台"老房管"，旨在为社区居民提供买菜、保洁、维修等服务。这种看似简单的工作，实际上琐碎而又繁杂，事务多、压力大，而"一心想为老百姓做点事儿"的庄万存接下了这份重担。

今天，庄万存回想 2016 年初"呱呱落地"的"老房管"时，他庆幸自己的选择："这是一道桥梁，也是我们做好扶贫的良机，它连接了贫困地区的田间地头和北京市区老百姓的餐桌，也让业主、农户和我们物业的心连得更紧了。"

一提到"老房管"，庄万存眉宇间便闪烁着一股干劲。

近几年，在习近平总书记重要讲话的鼓舞下，扶贫创新如星星之火，燎遍全国。其中备受称道的是"消费扶贫"，似乎成了"流行"。"授人以鱼不如授人以渔，消费扶贫也是一样的道理，与直接捐钱不同，从根本上解决问题才是真的为他们好"。庄万存在第一次接触消费扶贫的时候，有些摸不到门路。通过查阅资料、翻看新闻，他意识到给予受助者可持续、可循环的帮助才能从根源上解决贫困问题，这对社会来说是一种双赢模式。

庄万存从口袋里掏出手机，熟练地打开位于手机首页的"老房管 App"，向笔者展示 App 中"社区早市"售卖的蔬菜水果，从热卖中的湖北恩施富硒大米，到已被抢购一空的石家庄赞皇县鹌鹑蛋、贵州省紫云自治县莲花白等等。这些广受业主好评的蔬菜鲜果里，都"藏"着一段段感人的故事。

"我的孙子就爱吃鹌鹑蛋，跑了几个超市都买不到。现在疫情那么厉害，我们也很难出门再买了。你们啥时候也能进点鹌鹑蛋来卖啊？"今年 2 月初，家住南沙沟小区的杨阿姨路过小区物业蔬果提货点时匆匆说的一句话，给工作人员留下了深刻印象。年初，新冠肺炎疫情来势汹汹，不少居民不得不"宅"在家里。受疫情影响，超市里的生鲜蔬菜也遭遇缺货断货的难题。如何帮助业主解决燃眉之急，让他们吃饱吃好，庄万存绞尽了脑汁。

与此同时，在 2000 公里外，石家庄赞皇县村民高英斌也因这场突如其来的疫情而忧心忡忡。一次偶然的机会，庄万存知道了高英斌的"烦心事"。

高英斌几年前一直靠养猪维持一家老小的生计，但由于猪肉市场出现低迷，导致他一下子赔了 8 万多元。无奈之下，他只能尝试选择其他养殖品种以缓解经济压力。当他看到人称"金蛋蛋"的鹌鹑蛋时，高英斌敏锐地发现了其中的商机，立刻做起了鹌鹑的养殖工作。经过两年艰苦奋斗，高英斌的养殖场规模逐渐扩大，脱贫致富的希望近在咫尺。

孰料，一场新冠疫情来袭，全国上下投身抗疫，到处封城封路，导致各个地区农产品出现了滞销。高英斌家的鹌鹑蛋也不例外。"交通限制，饲料无法配送到村里，部分鹌鹑被活活饿死，新鲜的鹌鹑蛋也无法卖出去。"两次赔钱的打击，让高英斌心灰意冷。

一方有难,八方支援。庄万存闻讯后"第一时间"走访高英斌的养殖场,"杂粮喂养的鹌鹑下的蛋,不但好吃,营养成分也高。回来后,在联系相关部门确认这些鹌鹑蛋符合健康安全标准后,我们决定先买500箱回来,让业主们尝尝鲜。"

不远万里进京。起初,长相"难看"的鹌鹑蛋上架"老房管 App"后并没有受到太多业主"惠顾"。为了让大家都能慧眼识宝,庄万存自掏腰包"请客",通过给下单买菜的业主们赠送几颗试尝、组织线上鹌鹑蛋"厨艺比赛""厨艺秀"等方式,让不少业主们都成了"回头客",对这些来自赞皇县的鹌鹑蛋赞不绝口。

很快,"老房管"又继续订购了 3000 斤鹌鹑蛋。"好吃、放心、平价"的口碑让这些"金蛋蛋"在居民之间一传十、十传百。"大家不仅吃好了,也做了一次消费扶贫的公益,对我们物业也更信任了。与此同时,让解了燃眉之急的高英斌再次看到了希望。"庄万存笑道。

在这次成功地尝试后,庄万存带领团队马不停蹄地寻找下一个扶贫项目。

如果说赞皇县的鹌鹑蛋让庄万存尝到了消费扶贫的"甜头",那么紫云自治县的莲花白则给了他一个在困难中寻求突破口的机会。

今年 4 月,贵州省安顺市紫云自治县的莲花白采收正当时。然而受疫情的影响,致使需求萎缩和物流不畅,让本该菜农大丰收的春天,迎来了滞销的"噩耗"。人误地一时,地误人一年。看着日渐"失容"的莲花白,紫云自治县种植户张大姐急得睡不着觉。

在得知紫云自治县莲花白滞销的消息后,庄万存及时伸出援手,与当地联系选购了 3.4 万斤(17 吨)的莲花白,借着之前扶贫产品好招牌的"东风",紫云自治县的莲花白在上架"老房管"平台后,短短两天时间里,17 吨"时鲜货"立刻销售一空。

扶贫产品卖得好,农户们开心,居民们也开心。因为吃到了刚刚从田间摘下的蔬菜,业主跟物业的关系也变得更加亲近了。"以往交物业费时,我们贴通知、发短信,提醒或催促。今年呢，通知刚发出去，就有不少业主排队交物业费。交完还能拎一袋扶贫产品回去，个个都夸我们办了实事。"翠微西里小区物业管理处的管理员毕建松看在眼里，乐在心里。

成功的背后是大量时间和精力的付出。可不，在莲花白由"滞销"变"畅销"的背后，庄万存和毕建松都熬出了大大的黑眼圈。不同于鹌鹑蛋，娇嫩的莲花白易腐烂变质，运输保鲜成本高昂，再加上疫情期间运输车辆、交通受限等问题，配送只能安排在夜间或凌晨。这让负责社区早市的员工们经常是凌晨接运输车，早上七点又开始整理果蔬，准备配送给业主。庄万存常常与员工们一起，凌晨一二点还在接运输来的助农产品。"熬个夜不算什么，主要是运输和储存的成本太高，莲花白本身不贵，所有成本加起来，售价得翻几番。"

消费扶贫不是一朝一夕的事，要想长久做下去，就得想个"可持续"的法子。

庄万存坦言："通过这几次消费扶贫的尝试，我们打算把平台覆盖的小区规模进一步放大，发挥规模优势，减少成本负担。把成本降下来，员工参与消费扶贫的积极性会更高，业主们也更愿意选购这些又便宜又好吃的扶贫产品。目前正在试点，年底前会有方案。"

庄万存的办公桌上干净整洁，除了一叠叠文件外就是各种荣誉证书。这半年来，除了消费扶贫，庄万存的团队还开展了不少爱心助农项目，比如在疫情期间依托平台"社区早市"板块，线上销售平谷水果以及无公害鲜鸡蛋等农产品，实实在在地帮助农民度过滞销难关。

经过半年多的努力，"老房管"平台助农扶贫成绩显著。目前，已累计在"助农扶贫"专区助力销售 2 万余单，帮助农户增收 40 万余元，平台本身也收获了 24 万用户。

"我们现在越来越有信心了，要继续做好做强，真正做成业主和贫困农户心目中的'老房管'。"

▲ 老百姓在"家门口"选购扶贫产品
▼ 首华物业的员工们熬夜工作,运输偏远地区的扶贫产品

问： 2020年是国家脱贫攻坚收官年，这一年里，"老房管"平台都参与了哪些社区消费扶贫的项目？

答： 这一年，我们在社区消费扶贫这个新领域里进行了很多次"试水"。"老房管"平台"社区早市"在线上开展了"抗疫情 保供需"赞皇县滞销鹌鹑蛋直供社区活动、"抗疫情 保供需"贵阳滞销包菜直供社区活动、"平谷大桃熟了"限时预售活动、"鄂了么？"恩施富硒大米限时特价等8场线上活动。通过组织这些活动，我们积累了很多经验，取得一定成果，也让我们摸索到"社区消费扶贫"的方法和模式。

问： 为何说今年疫情之于"消费扶贫"，是一次挑战也是一次机遇？

答： 今年由于疫情，相比往年有更多的农副产品滞销，再加上对于物业行业来说今年是具有挑战性的一年，我们迎难而上。在这个过程中，我们突破了传统物业的天花板，将"社区消费扶贫"视作物业转型的机遇，让公益活动与企业运营共赢互利。

问： 如何让你们的业主接受这些贫困地区的农副产品？

答： 单纯的"爱心式消费"不可长久，而质量是产品的生命线。对参与消费扶贫的业主来说，最担心的莫过于产品质量，比如说鹌鹑蛋是否喂了好饲料？莲花白是否有农药残留？这些顾虑看起来似乎是"吹毛求疵"，却直接影响到消费信心。我们在选择的过程中严控质量关，杜绝"以次充好"行为，靠过硬的产品品质让业主们成为"回头客"。

　　2020年，突如其来的新冠肺炎疫情给群众生活带来巨大阴影，一头是贫困地区与贫困人口的农产品销路不畅，一头是城市业主苦于吃不到新鲜、优质的农副产品。中国扶贫志愿服务促进会动员各大机关部委、企事业单位，开放食堂、员工福利以及企业礼品采购等资源，带动贫困地区农产品消费；与此同时，还鼓动各地开放商超、农批市场等资源，设立扶贫专区、扶贫专柜，让贫困地区优质农产品进商超、进农批；最为闪亮的"大手笔"是，携手中国物业管理协会、中国社会扶贫联盟积极开展"社区消费扶贫"，将乡村田头与城市社区衔接，如此桥梁所汇聚的巨大消费力，温暖了千百里之外欠发达地区的父老乡亲。

物业人的"星火"公益路

访保利(广州)物业发展有限公司助理总经理程恒毅

文 | 侯婧婧

油锅鼎沸,热气升腾,金黄的南瓜饼盛到白瓷碗中,后生仔一口咬下去,甜出弯弯笑眼。另一边厢也热闹,带货主播从屏幕中走到人前,讲商品,更讲故事;扫码下单之后,现场就可以转盘抽奖,社区邻里之间比一比谁更好运……这是保利物业广州公司策划的"暖冬版"游园会,而它的目标是扶贫。

不问不知道,每个摊位背后都有"玄机"。DIY南瓜饼所用的原材料中,1000斤奶油南瓜全部来自山东省泗水贫困县,经物流直运广州,现场制作品尝、现场销售;那几位带货主播,大都毕业于保利的教育扶贫项目"星火班",讲解的是各自家乡的产业脱贫实例;幸运转盘的奖品,同样是从扶贫电商平台认购的精美助农产品。

将社区消费扶贫包装成社区文化活动,送到业主身边,这套解题思路可谓来之不易。保利(广州)物业发展有限公司助理总经理程恒毅告诉笔者,自2019年4月接到中国物业管理协会下发的《关于开展"社区的力量"消费扶贫攻坚战专项行动的通知》以来,他认为最棘手的就是从"救济式消费扶贫"到真正实现市场化和常态化:"贫困县的产品基本属于低端的农产品,品质也未必能达到标准化,并且缺乏品牌效应,消费者对产品不熟悉。我们所做的很多精细设计,就是为了解决这个问题。"

程恒毅接触扶贫工作以来,主要负责研究公司年度扶贫工作重点、组织协调开展扶贫活动等。"一开始,在我的想象中,扶贫工作就是尽可能通过捐助的手段,帮助贫困户脱贫。随着对这项工作的深入了解,我觉得与其捐款捐物,不如帮他们找到合理的谋生手段。"程恒毅对笔者介绍,经过持续的探索和总结,目前公司主

程恒毅
保利（广州）物业发展有限公司助理总经理

推的扶贫工作可分为两部分：其一是"社区的力量——消费扶贫攻坚战专项活动"，引进陕西省代县、河北省丰宁县、山西省富平县等重点贫困县的30多种特色农产品到社区，努力使"以买代捐助力扶贫"成为业主及住户们的生活习惯，帮助贫困户实现增收。其二是办好"星火班"，分批次定向招收建档立卡贫困家庭中的适龄子女，为其提供免费的职业培训；培训结束后，择优吸纳进入保利物业，以实现"就业1个，脱贫1家"，并带动更多人走上脱贫之路。2018年至今，"星火班"已开班5期，受训学员超过300人。

说到这里，程恒毅特别提到了一个名叫陈有国的同事。他来自云南省巧家县，高中毕业后考上了大专院校，但由于家境贫困，只能放弃学业外出务工，求职过程又四处碰壁。在当地扶贫办的推荐下，他加入了保利"星火班"，并最终通过考核，于2019年9月正式在广州保利林语山庄上岗。程恒毅眼看他在众人"手把手"的引导下，从身穿班服、腼腆微笑着的男孩，长成了西装笔挺、眼里有光的物业人、好管家。"他成长得非常快！今年正式晋升为区域客户主任，在客户服务、园区管理、业户家访、投诉处理等物业服务工作中，逐渐能够独当一面。"程恒毅欣慰地介绍，在"社区的力量"活动中，陈有国更是积极充当"带货小能手"，成了连接社区住户与普通农民之间的一道桥梁。社区消费扶贫和教育扶贫，以这样的方式相融了，释放出了独特的力量。

2020年，脱贫攻坚战的决胜之年遇上疫情。"星火班"的孩子们也和同事们一样，一边参与疫情防控，另一边助农行动不停。保利物业推出了蔬果直供增值服务"熊猫仓"，扶贫农产品此时成了"菜篮子"保供品。业主在相应项目的微信群内接龙即可下单，由做好防护的专职管家消毒、分拣，而后便可以在"熊猫仓"线下服务点自提。如此，社区居民无需绕远，也可以很方便地买到新鲜肉菜，而社区消费扶贫工作，也不会因线下聚集的减少而阻滞。

只不过，在程恒毅看来，还有更多更细致的工作留待疫情结束之后完成。他告

保利广州物业"社区的力量"启动站现场，居民现场购买助农产品

诉笔者："等疫情结束后，我最想做的是去一些困难地区考察考察。只有亲身了解他们的痛点难点，才能更好地为他们提供帮助。我还想，下一期'星火班'开办的时候，能亲自去接孩子们……"

其实，无论是细水长流的社区消费扶贫，还是"扶贫先扶智"的教育事业，都像是在广袤的大地上点亮星火。一簇微光，相传不灭；万家灯火，可以燎原。

问：社区团购、直播卖货，可以说是大家非常熟悉的互联网商业模式与投资"风口"。当我们用这些形式扶贫时，如何强化扶贫工作与纯商业行为的区隔？

答：我们搞直播认购，最终目的是帮助偏远地区的贫困户。通过销售农产品获得合理的个人所得，从而实现脱贫，公益性更强；商业行为的本质是商人谋取利益，虽然同样可能利用现在比较火的直播带货方式，但根本目的是实现利益的最大化。

我们在做活动的过程中深切意识到，单纯的直播带货往往因其过分的商业性，而并不能吸引消费者的关注和认同。虚拟的直播间将我们与真实的世界隔开。为了拉近与社区潜在购买者之间的距离，我们将扶贫直播认购与社区文化活动相结合，同时"植入"保利星火文化,邀请来自不同地域的"星火班"伙伴们来到现场,以讲故事+带货的方式提高直播内容的趣味性,同时也在实践中锻炼他们的能力。

问: 以促进消费的方式扶贫助农,业主是否都能理解？遇到不解和质疑怎么办？

答: 我认为所有的不理解都是由于沟通不到位。我们搞这种活动,一定要说明缘由和目的,一定要做好信息公开,让消费者和业主理解我们的工作,了解我们的工作,认可我们的工作。同时,我们也要做好产品的把关,不能将低劣的产品高价卖给消费者。这种行为就不是助农了,这样的公益就变质了。

问: 如今你在物业公司做着扶贫的公益事业,有怎样的心得或者感触？

答: 公益其实能给人带来极大的获得感和满足感。最让我感动的是,我们公司之前举办了国庆主题演讲比赛,"星火班"的孩子们也来参加了比赛。在演讲过程中,他们讲述了自己在公司的成长,并表达了对公司的感谢。听完他们的讲述,我内心深受触动,也坚定了公司继续扶贫事业的决心。

无论如何,我都会将公益进行到底。希望除了物业人,我还能做好一名公益人。

"社区的力量"启动现场

扶贫助农 挽手筑梦

记合肥阡陌物业服务有限公司董事长田振雨

文 | 陌陌

田振雨的办公桌上摆着一幅特殊照片。照片上，是他和西藏12个"红领巾"的合影。每次瞥一眼这幅照片，田振雨就感到心头沉甸甸的，思绪跟着飞向四千公里外的雪域高原。

原来，这幅照片背后，有着一段"故事"。

2020年6月，应中国社区扶贫联盟邀请，合肥阡陌物业服务有限公司党支部书记、董事长田振雨远赴西藏，参加了由中国社区扶贫联盟及易居乐农共同承办的"藏区青苗牵手计划"首批"西藏牵手公益行"活动。那次进藏，他为公司认购的12亩青稞基地立设扶贫牌，并参加了牵手学校爱心联谊、西藏贫困家庭慰问等公益活动。就在西藏曲当中心小学简陋的操场上，田振雨和曲当中心小学三年级一班12名藏区贫困儿童建立了"帮扶关系"。

扶贫济困、乐善好施，是中华民族的传统美德，也是田振雨同志一直坚持的人生信条。在他的领导下，阡陌物业认真贯彻落实国务院办公厅《关于深入开展消费扶贫助力打赢脱贫攻坚战的指导意见》，创新扶贫工作模式，发挥企业行业优势，发动企业全体员工和业主参与消费扶贫，与中国社区扶贫联盟及易居乐农合作，在一定程度上解决了贫困地区农产品"产、供、销"中的一系列难题，为贫困地区农民经济增收、助力脱贫攻坚奉献了力量。

2019年4月，一场命名为"社区的力量"消费扶贫攻坚战在全国打响。合肥阡陌物业服务有限公司董事长田振雨闻讯后毫不迟疑，先是吩咐办公室先行采购了部分瓜果、干货、粮油等产品，组织公司管理人员进行一场现场试吃活动。通过亲

田振雨

合肥阡陌物业服务有限公司董事长

身体验,大家对此次"消费扶贫"、助力贫困县脱贫建立了感性认识,纷纷表示:"原来,贫困县生产那么多优质农产品。由于山高路远以及宣传不到位而导致滞销,往年不少产品因为积压而腐烂,实在太可惜了。"

一次试吃活动,让大伙儿对中国物业管理协会发出的"社区消费扶贫"有了高度认识,也从中了解到产品品种、包装储存、物流配送、口感质量等不少"信息"。阡陌物业的小伙伴们对扶贫农产品销售建立了信心,决心要齐心协力将"社区的力量"星星之火燃遍社区。

"消费扶贫,一头连着贫困地区,一头连着广阔市场。物业服务企业因为行业特殊性,非常适合成为连接贫困地区与市场之间的纽带。一方面,为贫困地区农民打通农产品销售渠道,增加经济收入,提高生活质量;另一方面,能够让广大业主

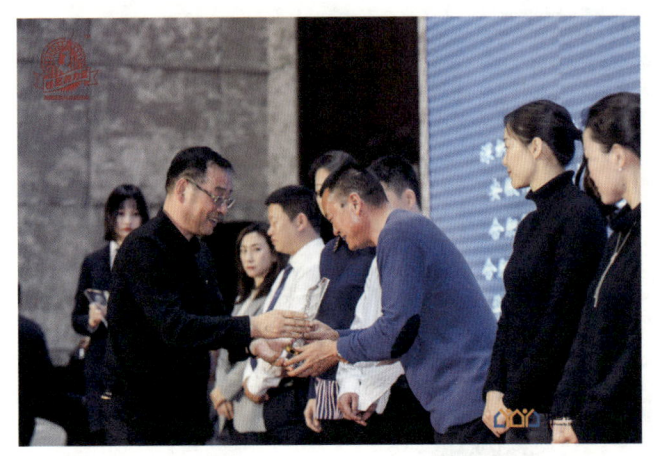
消费扶贫企业贡献奖领奖

的'菜篮子'直接购入原产地瓜果蔬菜；同时，企业还能为国家脱贫攻坚战尽一份力量。一举三得，何乐而不为呢？"这便是田振雨对"社区的力量"的理解。

在"社区的力量"专项行动中，田振雨始终坚持以"内外联动"的方式加强消费扶贫宣传推介。所谓"内"，即对内积极动员。阡陌物业向公司全体员工发出了一封消费扶贫倡议书，鼓动公司内部形成"人人参与消费扶贫、人人宣传消费扶贫"的良好氛围。他们还采取了一项非常给力的措施，即对于从企业"乐农店铺"中购买扶贫农产品的员工，公司直接给予适度的价格补贴。在此之外，他们还通过公司集中采购、节庆采买等多种途径保证了内部购买力。所谓"外"，即不遗余力地对外积极宣传推介。阡陌物业利用公司公众号、官方网站、智能服务 APP、项目电梯、户外海报和社区活动等多种形式，立体化、多元化展开持续的宣传攻势，大力推介来自贫困县的特色农产品，鼓励大家加盟"消费扶贫"的行动。

至 2019 年年底，合肥阡陌物业共采购农产品 2.35 万斤，采购量在全国物业服务企业中名列第 23 位，因而被中国物业管理协会授予"合肥站区扶贫助农先锋奖

TOP10"以及"全国企业消费扶贫贡献奖",在管项目和谐家园小区被授予"全国消费扶贫荣耀社区"。

2020年,一场来势汹汹的新冠疫情给许多行业带来压力。但阡陌物业发动业主参与的消费扶贫行动没有止步,销售数据仍在持续累积。

时至5月,"藏区青苗牵手计划"正式启动。"一个社区一亩青稞田,一个家庭一名藏区娃"点燃了更多人的爱心。阡陌物业积极响应中国物业管理协会倡导的可持续消费扶贫模式,主动落实关于开展消费扶贫、助力打赢脱贫攻坚战的重要举措,通过对藏区青稞"以买代捐"的精准帮扶对接,打通了产自雪域高原的青稞产品得以长期可持续销售的渠道。

在此次"牵手计划"中,阡陌物业作为首批认购企业,共认购青稞田12亩,同时为12名藏区贫困儿童提供一年的学费。董事长田振雨希望通过这种一对一的精准

"藏区青苗牵手计划"活动

帮扶机制，能够切实解决西藏贫困儿童所面临的生活困难、物质短缺等问题。

2020年，是特殊的一年，疫情加上汛期的原因，导致不少地区农产品的销售再次受挫。为帮助农户解决产品积压难题，阡陌物业再次行动，采购大米2万余斤，金额10余万元。自"社区的力量"专项行动开展以来，合肥阡陌物业累计购买扶贫产品达40余万元，解决了6万斤农产品的销路问题。聊到这些数字，田振雨表示："企业发展，根本上是尽一份社会责任。作为一家民营企业，我们将参与国家脱贫攻坚战视作应有的责任和担当。"

其实，早在10多年前，阡陌物业刚成立时，田振雨同志就已经将"创业"和"扶贫"紧紧地联系在了一起。在阡陌物业的员工中，失地农民和零就业家庭人员占比达到45%；公司在管学校项目中，均为贫困学生设置了勤工助学岗位；年节时分，他总是联合社区前往孤寡老人家中进行慰问。用他自己的话说："企业的发展离不开社会。公司从不知名的小企业发展到现在的全国百强物业服务企业，其中的每一步都离不开社会各界的支持。作为企业家，时常回馈社会是最正常不过的事情。只要自己和企业还有能力，我就一定会坚持帮助更多的人。"这一个朴素纯真的心愿，风雨十几年，他从未放弃过。

在田振雨的率领下，合肥阡陌物业近两年来高度重视扶贫工作，并紧紧围绕国家扶贫帮困总体要求，积极推进企业扶贫工作。他们从人力、物力、财力等方面发掘潜力，将一项项扶贫工作落到实处。他们的扶贫行动体现于多个方面，在消费扶贫、定向采购、贫困家庭就业岗位、捐资助学、扶危济困等方面均有建树，奉献了自己的一份爱心和力量。其中感人至深的故事很多，无一不印证了深藏在田振雨内心深处的一种企业家精神、责任和情怀。

"授人以鱼，不如授人以渔。我们一直在思考，如何从根本上消灭贫困问题，这对于人口众多的中国而言，不是一蹴而就的，而是任重道远。"田振雨表示，阡陌物业将一如既往，继续支持扶贫帮困和振兴乡村战略，积极向教育扶贫靠拢，让更多的贫困家庭孩子有书读、有学上、有好日子过，帮助他们成为对社会有信心、对生活有热情的未来接班人。

从试吃开始，爱心在汇聚扩散

访安徽省鹏徽市场管理服务集团有限公司总经理高燕

文 | 微尘

高燕，安徽省鹏徽市场管理服务集团有限公司总经理、中国扶贫联盟理事、安徽省物业管理协会副秘书长、合肥市物业管理协会副会长、全国注册物业管理师。在 20 多年的物业管理生涯里，她获得过多个重磅头衔。不过，她还是更喜欢别人叫她物业管理人——高燕。

亲和力、高颜值，是我见到高燕时的第一印象。而在员工心中，她是个忙而不乱，从容不迫，凡事都爱亲力亲为的"掌舵人"。在与高燕并不短暂的交流中，她的招牌式微笑总是挂在她的嘴边。这种亲近感或许与高燕的从业经历有关。

20 年前，高燕从一名幼师华丽转身，摇身一变成为一名物业公司从业人员，从一名基层普通员工做起，到项目经理、总经理助理、副总经理。如今，高燕成为一家坐镇合肥主城庐阳区，管理分布于省内外 60 多家分支机构，在管 200 多项目，拥有 6000 多名职工的大型综合类物管企业的领军人。

20 年来，高燕亲历着物业管理行业从少到多，从差到精的发展过程，也见证着社会各界对物业管理行业认知度和认可度增强的渐变。"随着社会飞速发展，物业管理行业充当着越来越重要的社会角色，物管人员越来越受到大家需求和尊重。"高燕称，正因为如此，在社会治理中、国家的发展战略中，也少不了物管人员身影。同样因为如此，安徽省鹏徽市场管理服务集团有限公司一直将"为员工生活谋幸福、为社会发展做贡献"定为企业的愿景和使命。

安徽省鹏徽市场管理服务集团有限公司（下称鹏徽集团）成立于 2005 年 4 月，前称是安徽省鹏徽物业管理有限公司，2020 年 1 月 13 日正式更为现名，是一家同

高 燕
安徽省鹏徽市场管理服务集团有限公司总经理

时具有物业管理一级资质和中国清洁清洗行业一级资质的"双壹级"物业管理企业。在管项目包括住宅、商业、办公、学校、医院、工业园、风景区、园林绿化工程、停车管理、道路清扫、垃圾清运、建筑物外墙清洗等。2018 年 10 月荣获物业服务企业综合实力 100 强、2019 年 10 月荣获物业服务企业综合实力 500 强、2020 年 10 月荣获物业服务企业综合实力 500 强、2020 物业服务企业品牌价值 100 强、2020 学校物业服务领先企业。

高燕称,"人才"是公司得以高速高质发展的"命脉"。公司坚持"有德无才可以培养,有才无德坚决不用"的用人理念,深信人力资源是企业发展的根本,高素质人才是企业迅速发展的基石。因此,公司目前拥有一支技术全面、爱岗敬业的专业人才队伍。

在脱贫攻坚的公益事业上,公司同样充分发挥人才优势。进贤兴功,以作邦国。

据高燕介绍,2019 年 7 月 22 日,随着"乐农社"平台的上线,鹏徽集团一次性开通了 35 家社区线上助农小店。同年 8 月 14 日,鹏徽集团在自管的 5 个社区同时举办"一斤市集"活动,发动更多的业主参与扶贫行动。

作为企业带头人,高燕身先士卒,用自己先购买的行为带动身边的员工积极参与。"我会经常在平台上购买米、面、油等农产品,还有一些零食。自己食用后觉得产品不错,才能放心推荐给员工,也才能负责任地传播推广给广大的业主。"高燕说,公司采购、员工采购,形成了一定的固定购买力。

而在接下来的宣传推广中,鹏徽集团上下勠力同心,花了很多心思进行线上线下推广。鹏徽集团定期组织年轻有活力的优秀员工,将从贫困地区购买的瓜果等产品运送到小区开展试吃活动。"这些瓜果都是由我们精心挑选,洗好切好后带到小区与广大业主们分享。大家既能免费享用香甜可口的水果,又知晓了乐农社这个平台。"高燕称,在试吃的现场,有很多业主纷纷拿出手机,通过扫码的方式成为"乐农社"的用户,其中不乏有一些业主当场下单,为偏远的贫困地区献上一份爱心。

另外,高燕带领员工们通过发朋友圈的形式进行线上宣传。一段时间内,"乐农社"的宣传信息被成百上千的员工刷屏,业主群也成了推广爱心平台的重要阵地。就这样,从企业负责人到公司员工,从小区业主到管理项目之外的千家万户,线上平台的顾客开始倍增，爱心从聚变到裂变，迅速扩散。

  鹏徽集团在"社区的力量"消费扶贫攻坚战专项行动扶贫成果比拼中位居前列，并荣获"扶贫助农先锋奖"及"消费扶贫企业贡献奖"。作为中国社区扶贫联盟理事单位，截至2020年11月30日，鹏徽集团共开设45个社区线上店铺，线上销售常态化运作，累计消费扶贫金额309,697.5元，累计消费扶贫斤数54,975.52斤，位列全国"社区的力量"榜单第22名，安徽省"社区的力量"榜单第8名。

  2020年6月，鹏徽集团还积极参与了"西藏牵手公益行"活动，积极响应"藏区青苗牵手计划"，并委托爱心代表张凌云远赴牵手学校"桑珠孜区纳尔乡小学"，与其他企业代表一起为该校的同学们送上书籍、玩具、书包等学习用品，通过课外游戏、学习辅导、家庭走访慰问、"心手相连"联谊等活动，了解学生们的日常生活情况和家庭困难情况，鼓励他们好好学习、筑梦前行。鹏徽集团花费近13万元，认领18亩青稞地，牵手18位藏区小朋友。企业还派驻代表实地考察牵手学校及青稞加工厂。

  据高燕介绍，新冠肺炎疫情期间，他们积极响应号召，一边战"疫"；一边战"贫"，采购贫困地区物品，再将物资送往抗疫一线。疫情期间，鹏徽集团通过其服务的合肥南岗镇政府、大杨镇政府等政府单位开通"捐助渠道"，采购大量防疫及生活物资，送往急需支援的防疫一线。

  今年7月，一场百年不遇的洪水突袭合肥。鹏徽集团闻令而动，立即组织了一支100人的抗洪队伍。"哪里需要哪里就有物业人的身影，这是社会和时代赋予我们的责任。"高燕称，集团多年来坚持不懈参与扶贫等各项活动，把践行社会责任融入到企业发展之中。未来，鹏徽集团仍将一如既往秉承"为社会发展做贡献"的理念，把脱贫攻坚的工作落到实处，与国家提出的"打好脱贫攻坚战"同频共振，参与到更多的扶贫项目中，为精准扶贫和帮扶脱贫贡献一份力量。

▲ 鹏徽物业在"社区的力量"合肥站启动会上荣获阶段表彰
▼ 鹏徽物业爱心帮扶困难学子

问：扶贫事业是一项公益事业，公司孜孜不倦地做各种公益活动，初衷在哪？

答： 扶贫，关键是一个"扶"字。给钱给物，只能解一时之困。我们企业通过"消费扶贫"这种模式，恢复贫困地区的"造血功能"，才能断掉穷根、开掘富源。贫困人口致贫原因各不相同，有的读不起书，有的看不起病，有的住危房，有的没有劳动能力，有的缺乏启动资金……不能"眉毛胡子一把抓"，而要"一把钥匙开一把锁"。扶贫更是新时期公益事业的新使命，社区是扶贫事业中一支重要力量。鹏徽集团的扶贫公益案例说明，物业企业在助力脱贫攻坚的伟大事业中大有可为。彻底消除贫困，是我们公司的神圣使命。实现小康社会，"一个民族、一个家庭、一个人都不能少"。

问：在消费扶贫过程中，遇到过业主不理解情况吗？

答： 因为扶贫产品有很多是从遥远的偏远地区采购的，从采摘到包装、物流，中间可能会经过多次转运，因此，产品的价格可能会略高一些，而且物流周期要长一些，消费者有这方面的疑问时，客服人员都会一一解答和处理。所以，目前为止，还没有遇到业主真正不理解的情况。因为大家在参与扶贫消费时，或多或少都抱着一颗"善心"在购物。从这个出发点出发，大家都变得宽容许多。

问：怎样看待私营物管企业扶贫这件事？

答： 个人以为，很多人以为让个人或者说私营企业主参与"帮扶脱贫"是口号，是哗众取宠，是不切合市场经济基本规律的空话大话！我不这么认为，我们企业要做的，就是做实事，坚持扶贫，利用一切能利用的资源宣传扶贫，参与扶贫，让更多的人看到贫困人民的艰难。作为企业"掌舵人"，在时刻关注企业本身创造价值的同时，也积极践行企业的社会责任和义务。始终将"为员工生活谋幸福、为社会发展做贡献"定为企业的愿景和使命。幸福没有标准，就像成功没有标准一样。我们希望通过自身的努力不断为员工、客户、股东、公司、社会创造价值，分配价值。坚信"没有成功、只有成长"！

让爱的光芒,照耀到每一个需要温暖的地方

记安徽新亚物业管理发展有限公司热心扶贫三步曲

文 | 欣欣

徐辉,安徽新亚物业管理发展有限公司董事长。17年前,他带领6位大学生在一无物业服务技能、二无物业管理项目、三无上游企业支撑的情况下,毅然放弃机关"铁饭碗",投身创业。他们不畏艰难,辛勤打拼,一直深耕于物业服务市场,让企业从一棵无人知道的小草,逐步成长,继而一跃成为安徽省物业管理行业的"领头羊"企业。目前,新亚物业跻身2020年物业服务企业综合实力500强(排位66名)、中国校园物业服务五十强企业(排位17名)、2020年华东品牌物业服务企业20强,并荣获"安徽省标兵物业服务企业"等称号。

"带一斤回家就是扶贫"活动现场

徐 辉
安徽新亚物业管理发展有限公司董事长

近几年来,在加快企业发展步伐和助推企业品牌建设的同时,徐辉一直情系社会、勇于担当,积极投身到"社区扶贫"等公益活动中,体现了不一般的公益情怀和社会责任。

播撒爱心,积极组织"社区的力量"消费扶贫

扶贫工作,是党中央、国务院的重要战略部署。徐辉一直认为,作为一家有责任担当的企业,在牢固树立发展意识的同时,必须勇于承担扶贫济困等社会责任。

2019年9月,为积极响应中国物业管理协会发出的《关于开展"社区的力量"消费扶贫攻坚战专项行动的通知》,新亚物业以打通贫困县种植户与城市社区餐桌"最后一公里"为主要着力点,整合利用公司管理各个项目的资源优势,发动一大批充满爱心的业主和项目部员工主动投身"社区的力量"消费扶贫攻坚战中,彰显了企业和企业员工的社会责任,也展现出社区消费的强大力量。

徐辉介绍,为了将好事做实,实事做好,新亚物业专门组织召开了"社区的力量"消费扶贫的动员大会,以坚定不移的信念和毫不动摇的决心,动员其服务的地矿家园、六安地矿华府、庐江世纪华府、蒙城鲲鹏学苑等10个住宅项目开展"爱心集市",以"带一斤回家也是扶贫"的倡议,号召业主积极参与消费扶贫,并通过企业员工以购代赠、以买代帮等方式,帮助贫困户打开销售渠道。

在此次活动中,新亚物业帮助贫困地区销售农产品,价值达到30万元,在社区消费扶贫排行榜上名列全国第25名,并荣获了"社区的力量"消费扶贫先锋奖、"扶贫助农先锋奖""消费扶贫企业贡献奖"等荣誉。

真情无限,果断参与"西藏牵手公益行"公益项目

2020年是特殊的一年。年初,一场凶猛的新冠疫情袭击全球。但抗疫期间,新亚物业的消费扶贫始终没有间断,消费行为像涓涓溪流不断润泽着远方的农户。

与此同时,当中国物业管理协会和中国社会扶贫网主办、中国社区扶贫联盟等承办的"藏区青苗牵手计划"专项行动发出了动员,新亚物业毫不迟疑,一如既往地及时响应,第一时间向藏区认购了18亩青稞地。通过认购青稞田,牵手西藏儿童

爱心在消费中凝聚

成长，新开物业以实际行动，精准地帮助西藏地区打赢这场"脱贫攻坚战"。

据徐辉介绍，2020年6月18日，新亚物业副总经理刘东明、社会公益事务部主任夏顺元等与其他爱心企业代表一起，不顾海拔4000多米的高原反应，带着一颗颗炽热的爱心，来到了牵手学校"桑珠孜区纳尔乡小学"，为同学们送上书籍、玩具、书包等物品。通过"牵手一个家庭，培养一个孩子，共享一亩青稞"三位一体行动，为西藏贫困儿童提供帮助，助力西藏实现脱贫攻坚的跨越式发展。

润物无声，持续投身各项"精准扶贫"爱心活动

为了更好地发挥在管项目潜藏的"社区消费"能量，新亚物业动足脑筋，在其服务的各个小区内积极搭建业主与贫困户的销售平台。一方面，构建渠道精准对接贫困山区农产品的销售；另一方面，鼓励公司党员以身作则，发挥带头模范作用，并组织员工开展多种形式的宣传，带动更多的业主参与到消费扶贫活动中。

社区的潜能就是这样被不断发掘，被引向扶贫项目。

徐辉介绍，2019年5至7月，新亚物业为响应安徽省物业协会、安徽省家政服务业协会等省内相关协会的倡议，指定其管理的部分项目开展"爱心集市"活动，让革命老区金寨县、六安市等贫困村农户的农产品进入小区销售，以"带一斤回家也是扶贫"为主题，为贫困地区农产品打开了销售渠道，仅在两个月的时间内，共为贫困地区销售了12.67万元的水果、蔬菜等农产品。此外，新亚物业还支出了20余万元以自购、代帮、捐助等方式，销售贫困县农产品约5.56万斤，切实为贫困群体早日脱贫倾心尽力，彰显出企业的社会责任与担当。

问：新亚物业在扶贫工作中所做出的成绩有目共睹。您是怎么理解扶贫工作的使命感、责任感？

答：扶贫工作是有情怀的事业，最能体现一家企业及其员工的情怀和爱心。近年来，新亚物业一直把扶贫工作放在心头、抓在手头，让这一个扶贫引力场影响更多人、惠及更多人，也改变了更多人。

同时，组织开展扶贫等公益活动，也增强了企业员工的使命感和责任感，以及发展意识、大局意识和服务意识，从而敢于争先创优，助推了企业可持续发展。

问：新亚物业下一步的扶贫工作开展的部署和目标是什么？

答：积极围绕行业开展扶贫工作的重点，是及时把精准理念和行动计划等落到实处。此外，在今后扶贫工作中，我们将逐步建立扶贫工作的长效机制，由"输血"变为"造血"，不断摸索尝试，大胆创新，并重点关注贫困地区的妇女、老人、儿童、残疾人等特殊群体，不仅帮扶他们的基本生活，还要给予心理关怀，让爱的光芒，照耀到每一个需要温暖的地方。

热心公益是回馈社会最直接的方式

记扶贫攻坚战中的明德集团

文 | 闵德

改革开放 40 多年的快速发展，使得中国一跃而成为世界第二大经济体，这是令国人非常自豪的。但不能不看到，东西部发展并不平衡，东部沿海城市一片繁荣，而部分西部地区仍处欠发达状态。截止到 2018 年末，全国仍有 1660 万贫困人口。因此，党和国家始终把"精准扶贫"作为一项重要战略，并将它看作实现中华民族伟大复兴的必经之路。在国家精准扶贫政策的指引下，明德集团在自身壮大发展的同时，饮水思源，积极响应号召，勇于肩负社会责任，切实采取措施，投身脱贫攻坚和振兴乡村，成绩也是显著的。

助农扶贫，就在我们身边

山东明德物业管理集团是一家专业化、社会化的大型物业企业，国家一级资质企业，中国物业管理协会常务理事单位。该公司自成立以来，立足高起点，借鉴国际物业管理理念和经验，建立了一支专业化管理队伍。他们坚持"亲情化管理，个性化服务"的宗旨，对所辖物业进行全过程的服务和管理。目前，明德集团在管项目涉及大学城、写字楼、高档小区、工业园、医院等多种物业类型，多次获得国优、省优、市优等各类荣誉称号，是名副其实的"百姓口碑最佳荣誉单位"。

明德物业人不仅在物业管理服务方面勇当先锋，在积极响应中物协"消费扶贫攻坚战专项行动"中也表现突出。他们提出，助农扶贫并不遥远，它就在身边，人人可以"以买代捐"，组织参与"社区的力量"，并屡创佳绩。

社区的力量是强大的。2019年4月,当中国物业管理协会下发《关于开展"社区的力量"消费扶贫攻坚战专项行动的通知》,明德集团第一时间报名参战,携旗下582个社区加入专项行动,签订了"社区的力量"物业参战协议。随即,他们通过设置明德商城扶贫产品专区,上架十余种来自贫困县域的特定农副产品,号召公司全体员工投身"以买代捐"活动,很快便完成20余万元销售额。

回溯过往,明德集团早就参与东西协作援建扶贫,结对帮扶重庆市武隆地区贫困户,开展多次消费扶贫专项行动。他们基于明德商城平台扶贫产品专区,多次组织员工团购活动,通过代销重庆市武隆区扶贫专区特定农副产品,对口帮扶武隆地区贫困户,累计完成约15万元销售额,且该项消费扶贫还在进行中。

2019年5月,明德集团启动新一轮消费扶贫战,举行了"消费扶贫、携手助农"座谈会,中国物业管理协会以及中国社区扶贫联盟有关负责人、明德物业副董事长刘鹏、商业经营中心总经理崔浩以及相关领导出席。明德集团表示,愿意响应中央有关积极开展消费扶贫的号召,与行业"大咖"携手共同构建社区精准消费扶贫模式,以实际行动推动社区美好生活事业的发展。

明德集团积极加入中国社区扶贫联盟,为精准扶贫这项伟大事业做一份贡献,体现了作为新时代公共服务的领军企业的企业精神和强烈的社会责任。

2019年9月,明德集团派出代表与易居乐农团队共同前往丰宁电子商务公共

群策群力,投身扶贫

"战区战报"牵动人心

服务中心,了解县域电商规划、电商扶贫品牌以及特色产品,深刻了解扎根一线扶贫事业的同仁取得的优异成绩。此次丰宁之旅,易居乐农联手丰宁满族自治县商务局,共同为贫困孩子置办了种类齐全的文体用品。而当地孩子们一双双眼睛里所闪耀的希望之光,也感染了明德集团的干部。他们深刻地意识到,企业能做的扶贫工作看似微小,却在深刻地改变着乡村孩子的未来。他们一户户访贫问苦,亲身感受到贫困户面临的种种困境,包括一些用于居住的危房亟待援建。他们"心动了",感受到了肩头沉甸甸的责任。他们表示,要发动和号召更多人奉献一份爱心,为大山深处的村民募集资金,用以改善住房条件。

前不久,山东省政协委员、省公共关系协会会长、明德物业管理集团董事长刘德明到平邑县武台镇武沟村、承安村、黄台村、蒋里村进行考察,详细了解了当地帮扶村的集体收入、产业开发、农民增收、生态农业发展、绿色农业发展、人居环境提升、脱贫攻坚等情况,结合自身优势提出了很多有针对性、可行性、可操作的意见建议,并与驻村第一书记一起,探讨因地制宜的发展思路和深入合作事宜,刘德明董事长还代表山东明德物业管理集团有限公司向省政协驻村扶贫的四个村捐赠资金 20 余万元。

此外,从事物业服务 15 年的明德集团,基于积累的行业经验与资源,一直在研究探索更好的服务模型。他们努力将扶贫事业与企业资源有机结合，践行社区支持农业的扶贫助农理念。他们表示：扶贫济困，明德物业人义不容辞。

抗击新冠疫情，明德坚守一线

2020年初，当一场突如其来的新型冠状肺炎疫情来袭，明德集团立即紧急调配200余万元应急款项用于储备防护物资。而分布在全国25个省市自治区600多个服务中心也积极响应，6000余名员工纷纷放弃假期休息，在基层社区筑起一道坚固的防疫线，在集团的统一部署下，有效地开展防控阻击。

为进一步提高各服务中心的工作效率和服务标准，明德集团于大年初一下发了统一的《消毒方式方法说明》，并及时发布了"集团员工假期去向"的调查，提前了解员工假期出行情况，对于春节期间接触湖北亲属的员工均采取有效隔离措施，提前做好返岗员工到岗预案和突发疫情的处置预案。

抗疫期间，明德集团服务的济南社区，在了解到业主"吃菜难"等问题后，济南城市公司副总经理兼党支部书记赵雪梅带领全体党员，主动出击，调动各方资源，积极为业主寻找货源，为舜兴东方、康桥颐城等小区业主及时配送了新鲜蔬菜，使得业主吃上了放心菜、平价菜。与此同时，明德集团还积极捐赠物资。1月29日上午，他们向武汉物业管理协会捐赠口罩10000只，乳胶手套4000只，药品400盒，喷壶500个。为保证防疫物资快速到达，他们直接发往武汉红十字会，定向赠予武汉物业管理协会。明德集团作为山东省第一家驰援武汉的物业企业，有关消息被《大众日报》《济南日报》《山东商报》等主流媒体报道或转载。

2月10日，明德集团再度采取驰援行动，通过中国邮政向武汉市红十字会发货，定向向湖北省高等学校后勤管理研究会捐赠应急防疫物资。这批物资中包括医用手套20000只、喷壶1000个、药品400盒等等。

承担社会责任，展现企业担当

明德集团有一支志愿服务队，所开展的志愿服务活动有声有色。他们坚持"以人为本"的理念，开展"健康劳动、春华秋实"公益活动，组织员工采摘并为贫困地区送去优质的果蔬；他们组织开展"端午送福"活动，为社区居民送去节日的祝福及慰问品；他们向曲阜师范大学捐资助学，到社区走访慰问退役老兵，为他们送去节日的问候与关怀；他们主动协助社区，提供孤寡老人照料、油米面菜上门等服务，为业主解决家政入户、电器清洗、生鲜配送等生活问题近千件；他们还为社区居民免费提供饮用水、报刊阅览、信息公布、老花镜、助残服务、急救药品、打气筒、雨具、手机充电器等便民服务。明德集团积极开展志愿服务活动，努力践行社会主义核心价值观。

作为一家有责任的企业，明德集团一直认为：热心公益是回馈社会最直接的方式。中国数千万贫困人口的脱贫，是一项非常艰巨的任务，急需更多企业的帮扶。明德物业号召人们联手行动，"众人拾柴火焰高"，只有人人热心于公益，通过社区消费扶贫，切实帮助一些贫困县农民通过种植和销售优质农特产品获得可持续、有尊严的收入，这样才能实现城乡共同发展，携手奔赴小康！

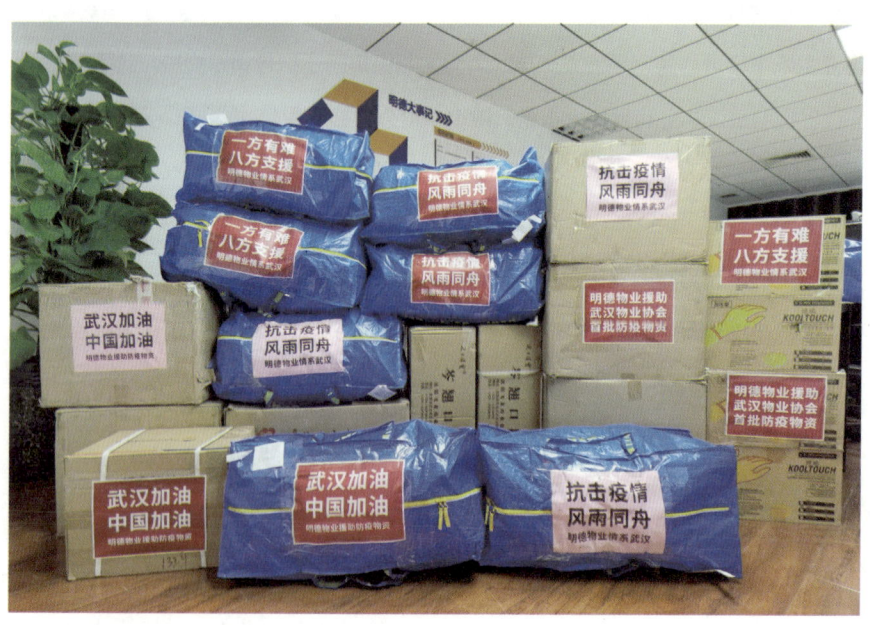

热心公益，支援武汉

吹响"冲锋号",打赢一场消费扶贫战

记浙江亚太酒店物业服务有限公司

文 | 丫丫

亚太酒店物业是浙江省文明单位,也是中国扶贫联盟理事单位。公司自成立以来,不但致力自身成长壮大,而且公益成就斐然,譬如,每年的"慈善一日捐"、设立"亚太专项扶贫基金"等。当2019年"社区的力量"消费扶贫攻坚战专项行动一推出,公司董事长周朝辉立即亲自主抓这项工作,在公司高层会议上积极动员,下达任务,从而使得公司上下一心,下属8大子公司51个分公司300个项目做到任务层层下达,工作层层推进。

浙江亚太酒店物业服务有限公司是具有国家一级资质的知名物业管理企业,也是中国物业管理百强企业之一,其业务遍布省内的宁波、杭州、舟山、嘉兴等诸多城市以及四川、安徽、江西、山东、河南、江苏、福建、湖南等省份。公司党委书记、董事长周朝辉表示,亚太酒店物业自1994年成立以来,一直热心于公益事业。"让贫困地区优质的农产品从产地直接到餐桌,为市民带来健康绿色食品的同时,也是推广了贫困县域优质农产品,更是为扶贫攻坚贡献了一份力量。微小的力量也是一种支持,涓涓细流必将汇聚成爱的海洋"。

在爱心公益赛道上,你追我赶

由于亚太酒店物业的"一把手"亲自吹响了"冲锋号",他们贯彻落实党中央、国务院有关"消费扶贫"精神的行动十分高效、有序,战绩显著。尤其,在参与由中国物业管理协会和中国社区扶贫联盟等主办的"社区的力量"消费扶贫专项行动中,他们表现出"拉得出、打得响"的作风。譬如,6月20日,公司总部下达指令,要

周朝辉

浙江亚太酒店物业服务有限公司董事长

求全国 51 个分公司至少先开一家小店，至少指定一个负责人。然后，他们将这些负责人组入一个专项行动的 QQ 群。很快，通过 QQ 群，他们完成了全国所有助农小店负责人的第一轮线上培训和宣传发动。

6 月 23 日至 7 月 10 日之间，亚太酒店物业组织了 9 场由 27 个宁波本地分公司及 100 多个项目负责人参与的现场培训和宣传发动会议，全面推进"助农战贫"活动。

亚太酒店物业还创新性地建立了"爱心大比拼"机制，每三天就公布各分公司"爱心进度"。各分公司各项目在爱心公益赛道上，谁都"不甘落后"，人人"摩拳擦掌"，使得整个活动保持"热度"。QQ 群里，不但直接进行全国培训，而且即时的进度榜令所有人一目了然。

分工合作，众志成城

"专业的人，做专业的事"。秉承这样的理念，亚太酒店物业将"活动项目"交给了专门负责物业三产经营的部门来推进。这个部门本身有着一套成熟的推广流程与体系。

亚太酒店物业作为一家有着 26 年丰厚底蕴的物业企业，多年以来，各分公司各项目每年在各种大小节日都会开展各类业主活动，如元宵灯谜、中秋晚会等等。通过组织数不胜数的活动，早已积累了丰富的经验，建立了与业主亲密互动的联系与默契。所以，这次扶贫助农活动的推广，对他们来说，也是充分施展了专业技能，做起来"熟门熟路"。

再者，"高手在民间"。随着这次线上推广活动的不断推进，公司发现员工中有着超多的"微商"，不但"客源"丰富，而且对线上吆喝十分"娴熟"，甚至比公司经营部门都专业，反过来给予公司很多建设性的建议。当然，这个"周冠军"的"战绩"里，还包括了亚太普通员工的一份份爱心。公司并未给任何员工下达"KPI"，完全是员工自发响应这次活动，积极参与"带一斤回家"的活动，甚至还发动身边的家人朋友来积极参与。

7月6日，亚太酒店物业在社区举办了"社区的力量"消费扶贫启动仪式。他们发动了可以动用的一切宣传力量，如合作广告公司的固定广告点位（包括电梯广告、门厅广告、小区户外广告等），公司的业主群、微信管家群、物业工作人员、热心业主、业委会领导的微信朋友圈推广，甚至是日常服务业主间隙，物业工作人员与业主之间的口口相传等等，利用各种方式宣传造势，形成预热。在活动筹备阶段，亚太酒店物业还结合前期市场调研和学习，包括参加了在北京的扶贫联盟会议和中物协第五次会员代表大会两次地推活动，公司行政总监亲自赴重庆市集参观学习取经。在产品选择上，前期采购了20多种产品试吃、讨论，最终确定在启动大会暨第一站市集上，主推玉米及米面的试吃以及实物销售。

随着启动仪式"一炮打响"，除了将首站天一家园站的集市模式作为亚太酒店物业所有项目社区集市模式进行复制推行，举办第二站、第三站……第N站社区集市以外，公司还积极寻求与甲方合作的推广方式。例如，余姚分公司利用当地全民健身运动启动大会的契机，将"社区的力量"活动结合进去，同时作为亚太余姚站的启动仪式；与建委、农行等10余个单位沟通，将"社区的力量"助农产品展示深入这些单位的餐厅进行推广；尝试与东鼓道（浙江省首个地铁站间地下商业综合体）合作，在东鼓道区域内开展地推集市活动；与在管项目浙江四个高速公路服务区商议，在服务区设立摊位，开展集市活动，等等。

"物业人"撑起了扶贫的旗帜

助农市集现场，业主纷纷投身消费扶贫行动

"社区的力量"消费扶贫企业贡献奖，入选标准是进入全国物业企业消费扶贫排行榜 TOP50。而亚太酒店物业获此殊荣，正是因为公司上下合力，众志成城，发动组织业主、员工等多方力量热心参与、共献爱心的结果。"亚太人"以超群的行动力投身"消费扶贫"，为扶贫攻坚贡献了自己的力量。其管辖的青枫雅苑社区还荣获"消费扶贫榜样社区"称号。

以"项目"为媒，积极探索多种扶贫

消费扶贫专项行动，是一具有创新性的扶贫思路。"微小的力量也是一种支持，涓涓细流必将汇聚成爱的海洋。"他们坚信，只要充分发掘和应用亚太酒店物业的社区资源优势，一定能拓展贫困地区产品的销售渠道，并且推动贫困地区产业发展，促进贫困群体稳定脱贫。

亚太酒店物业积极响应国家精准扶贫号召，其贡献不仅仅是组织"消费扶贫"，还探索了"用工扶贫""教育扶贫""产业扶贫"等，切实践行企业社会责任。2019 年 9 月，亚太酒店物业在贵州省普安县成立子公司，投资建立专业培训机构。同时，62 名普安籍务工人员来到浙江宁波进行为期三个月的"以培代工"，切实提高贵州贫困户自身的就业技能。

贵州是全国脱贫攻坚的主战场之一，普安县更是宁波市的重点结对帮扶对象。"三年任务两年完成"。帮助普安县脱贫攻坚过程中，来自浙江的亚太酒店物业服务有限公司在推进企业业务发展的同时，还以"项目"为媒，不断探索服务扶贫的新方法，在助力普安县脱贫攻坚中成效显著。截至 2019 年 9 月，亚太酒店物业全系统累计投入扶贫资金 200 万元，已经涵盖就业扶贫、教育扶贫、消费扶贫和产业扶贫等多个领域，受益群众达 1000 人。

普安"以培代工"扶贫活动，不仅有效地搭建起企业与贫困地区群体之间沟通交流的平台，更拉近了企业与贫困家庭之间的距离，让困难家庭充分感受到来自亚太酒店物业的温暖和关心。亚太酒店物业将整合资源，发挥优势，因地制宜，培育产业，促进就业，不断深化各种形式的扶贫工作，积极承担社会责任，助力全国打赢精准脱贫攻坚战。

扶贫路上，做一个守望者与开拓者

记杭州滨江物业管理有限公司董事长兼总裁朱立东

文 | 滨滨

杭州是一座创新之城，也是一座温暖之城。城里有一家公司，名叫"杭州滨江物业管理有限公司"。其董事长兼总裁朱立东是一位具有人文情怀与公共意识的职业经理人，他有过十年媒体生涯，视野开阔，思维敏锐，有独特见地，因而深得朋友的敬重与喜爱。

朱立东转战房产、物业行业后，与其他房产人、物业人有一点明显不同，即他善于发挥媒体人脉的作用，促进媒体与房产、物业企业交流、沟通，从而改变市场对物业管理公司的看法。他让人们真切感受到，物业管理行业也是充满"温度"的。

而这样的"温度"，在消费扶贫方面表现得尤为显著。

2019年10月7日，"社区的力量"消费扶贫攻坚战专项行动在杭州启动。朱立东带领的杭州滨江物业管理有限公司于第一时间积极参战。他们在"乐农社"线上平台拓展扶贫助农"带一斤回家"，在线下落实了湖北恩施富硒农产品飘香进入杭州的社区。

西湖之畔的社区力量，涓涓溪流汇成宽阔的大江大河。它由每一位滨江业主的爱心、每一家客户的支持凝结而成，也展现了每一位滨江物业人的扶贫力量。

既要落地，也要贴近业主需求

社区消费扶贫，是一项新生事物，属于扶贫创新。它积极发掘社区的潜在力量，将线上平台技术与线下购买农产品巧妙结合，推动贫困县农户摆脱贫困。

朱立东
杭州滨江物业管理有限公司董事长兼总裁

朱立东认为，从作用上看，社区消费扶贫的农产品需要最大程度地与业主贴近，也就是与消费者贴近。每个人依据自己的需求可在自己的家园线下购买，或在物业管家的指导下在手机终端下单。产品线可以是大米、五谷杂粮、耐保存的薯类与水果等特产。事实上，物业在推动社区消费扶贫的"最后一公里"能起到不可或缺的作用。

消费扶贫的根本目的是什么？朱立东表示，是要让世代居住在大山深处的农户所种植的农产品，能够翻山越岭，直接抵达城市千家万户的餐桌上，让城市居民品尝到产自无污染地区、原生态且富有营养的土特产品。这是一条可持续的消费扶贫发展之路。

基于这样的认识，滨江物业热心组织"消费扶贫"。滨江物业麾下的杭州项目纷纷在"乐农社"线上平台开出微店。每个项目可以看到自己的战绩，相互竞争，促进销量提升。

从 2020 年 12 月初在乐农社上的销售数字来看，滨江物业在全国社区扶贫龙虎榜上列于第 26 名，实现农产品销量 3.4 万斤，销售额 20.5 万元，其业绩是可观的！

此外，滨江物业在线下对接的湖北恩施农产品进入社区，开展了多场落地的消费扶贫活动。由此，扶贫理念不断深入，农产品日益多样化和优质化，业主的扶贫参与性也呈步步走高的喜人景象。

举爱心助力砀山农户走出困境

2020 年，突如其来的新冠疫情让许多山区农民忧心忡忡，因为全国各地普遍采取封城、封路等措施，致使农产品物流及销售面临严峻挑战。

3 月，滨江物业获悉安徽砀山梨因为疫情而滞销。当时来自乐农社的"情报"是，产自安徽省砀山县的优质砀山梨所积数量高达 8 亿斤左右。这批货如果不及时运出，对于当地农民而言，心头如同压着一座大山般沉重。

当月下旬，滨江物业听闻这个信息后，在朱立东的策划和组织下，滨江物业各服务中心立即行动起来。他们通过朋友圈、微信群等发动更多的同事、业主共献爱心。一时间，众人解囊相助，在乐农社 APP 上下单购买砀山梨。一串串订单让农户的累累硕果有了归途。

朱立东介绍，在这场爱心消费接力中，身处一线的服务中心纷纷以一百斤、二百斤、三百斤，甚至更高的销量在刷新着自己的"爱心记录"。

短短六日里，一场"短平快"的销售战，实现了销售量四千多斤，销售额二万多元。由此，窥一斑见全豹——消费扶贫的力量，随着爱心之船乘风破浪。

通过这场战役，朱立东体会到，打赢脱贫攻坚战这场战役与打赢新冠病毒疫情攻坚战同等重要，并行不悖。滨江物业人要全力以赴，既做一个守望者，也做一个开拓者。

当然，"社区消费扶贫"之路并不平坦。

回溯一年多走过的道路，滨江物业遇到最棘手的是"万事开头难"。朱立东坦言："2019 年国庆假期，我们在杭州金色黎明小区设分会场开展"带一斤回家"活动。当时，有湖北恩施的农产品在小区设点，总体来看有点儿'冷'。业主们围观的不少，有品尝的人，也有询价的人。当时，我们准备的扶贫产品是五谷杂粮套装，从 98 元到 200 多元，一共四种。结果呢，立即花钱购买的业主不多，观望气氛浓厚，与我们预期的设想不太一样。"

遇"冷"后怎么办？打退堂当然不行，这不是滨江物业人的作风。当时，他们的对策是"改变思路"。具体做法，如朱立东所言："在那次之后，我们采用多线行进的方式。首先，发动公司中层以上管理人员，以身作则，购买湖北恩施套餐农产品，同时，鼓励一线员工在乐农社线上平台购买自己喜欢的农产品。许多员工购买后纷纷在朋友圈分享战利品，由此引发朋友圈上的更多业主也'跟风'来献爱心。一棒接一棒，激发了更多人参与扶贫。"

暖流，奔向雪域高原的青稞田

新冠疫情肆虐期间，对于朱立东来说，"社区消费扶贫"最难忘的一件事，是滨江物业参与了中物协与中国社区扶贫联盟发起的"藏区青苗牵手计划"。滨江物业认领了雪域高原的三亩青稞田。虽然只有三亩青稞田，但是它所承载的爱心是无限的。

第一亩青稞田是由企业来认领，第二亩青稞田是朱立东个人认领。在扶贫之路上，朱立东一直身先士卒，一直带领团队在行进，这次参与"青苗牵手计划"，使得爱心的暖流去到了更远的地方——四千公里之外的西藏。对于"消费援藏"，帮助雪域困难儿童，朱立东更感到义不容辞。在他的带动下，滨江物业涌动着更多的责任感与使命感。

而第三亩青稞田，便是由 20 名爱心员工在一天之内迅速集结，共同认领完成的。20 支像萤火虫一样的微弱之光，集合成一个熊熊燃烧的火炬，显示了集体的力量。他们生活、工作在大城市，却以炽热的心带给种植户信心与勇气，让西藏儿童拥有一份独特的关爱。

不止于此，从 2020 年 6 月 8 日到 6 月 9 日，滨江物业的爱心员工代表，自发在繁忙的工作中抽出时间，分别从杭州西湖、杭州湘湖、杭州滨江楼盘、千岛湖、绍兴镜湖大桥、上海外滩等具有所在城市地标特征的地方向四千公里之外的西藏青

▲ 消费扶贫杭州万家星城站现场
▼ 滨江物业爱心团寄书给西藏小朋友

稞田种植户、西藏小朋友做"比心"手势,传递他们像湖水一样满满的祝福。

"感动的心"时时在人与人的心田流动。在消费扶贫中,"滨江物业爱心团"还为西藏小朋友寄出了"心灵鸡汤",践行他们笃信的"授人于鱼,不如授之于渔"的理念。

2020年6月24日,中国社区扶贫联盟收到了"滨江物业爱心团"20人精心挑选的十本经典书籍。这些书籍涵盖了中国、美国、英国、日本、印度、挪威等国家具有代表性的作品。他们相信,这些精神食量适合西藏学校师生共同阅读,开阔视野。

具体有哪些呢?哦,有鲁迅的《朝花夕拾》,杨绛的《我们仨》,余秋雨的《文化苦旅》,还有《人类群星闪耀时》《哈利·波特与魔法石》《二十四节气慢慢画》等等。

杭州悦盛国际服务中心也积极响应滨江物业公司开展的"捐一本好书,点亮一座灯塔"的活动。6月30日下午,悦盛国际的物业管理小伙伴们向西藏小朋友寄出了在大厦里募集到的精选书籍50余本,重达20公斤。其中,也有媒体爱心人士捐赠的全套18册的《十万个为什么》。这是一段由爱心累积的书香之旅。

诚如一句名言"赠人玫瑰,手留余香",杭州滨江物业在朱立东董事长的带领下,将继续行走在消费扶贫的路上,期待大山中的农户能绽放出更灿烂的笑脸。

尽己所能,为国家扶贫事业添砖加瓦

访上海景瑞物业管理有限公司董事长兼总经理陶敏

文 | 史亮亮　图 | 包芸芸

如果要为中国物业管理 30 多年的发展拉一根曲线,那将是非常优美的,可能像毕加索的素描线条。在陶敏看来,从基础服务到智能化管理,伴随高科技、大数据、资本运作等强力助推,物业人迎来的是"最好的时代"。

陶敏,工程师出身,名片上的头衔是"上海景瑞物业管理有限公司总经理"。他是 2009 年踏入上海景瑞物业的。在这之前,他在万科积累了 12 年的工作阅历。这一段"亲历",为他后来的职业道路打下了坚实的基础。而履新景瑞物业后,他见证并参与了景瑞物业的每一次飞跃。在一次次历练中,他深感自己的职业梦想也在慢慢开花。与此同时,他在专注扶贫的道路上也"深有心得"。

2020 年 3 月 6 日,中共中央总书记、国家主席、中央军委主席习近平在北京出席决战决胜脱贫攻坚座谈会并发表重要讲话。这是党中央向全国人民作出的郑重承诺。为了打好这场攻坚战,必须从严落实,一步一个脚印,确保以高质量的成绩打赢脱贫攻坚战。

"贫困之冰,非一日之寒;破冰之功,非一春之暖。"陶敏表示。

贫困地区农副产品销售难,积重已久,原因很多。当然,国家是下了决心要解决这一"痛点"的。解决之道靠什么?既要雪中送炭,也要授人以渔。对于穷乡僻壤的贫困户家庭种植的农副产品,通过"以购代捐"的方式帮助销售,使农产品变商品、收成变收益,陶敏非常赞同,并化为了积极的行动。

陶 敏

上海景瑞物业管理有限公司董事长兼总经理

烈日下的"开局行动"

万事开头难。为了让业主认同并参与消费扶贫行动,景瑞物业于 2020 年 8 月 29 日开启了一场"线下活动"。那天,上海正处于高温季节。尽管烈日炎炎似火烧,但每个开店的社区都事先购买了产品,让业主们进行试吃。这一招还真灵。通过寓教于乐的"试吃体验 + 爱心小游戏"等线下活动,业主们了解了什么叫"消费扶贫"。他们还采取更多的措施,包括海报、微信等,"希望能有更多的业主被吸引到我们的扶贫大军中来。"陶敏表示。

当中物协、中国社区扶贫联盟聚焦"三区三州",发起更加精准的"藏区青苗牵手计划"专项行动时,地处上海的景瑞物业第一时间就积极响应,参与认购雪域高原的青稞田,牵手藏区儿童成长,助力西藏地区打赢脱贫攻坚战。

问起上海景瑞物业管理有限公司参与脱贫攻坚战的缘由,陶敏介绍,公司自 2018 年起加入中国社区扶贫联盟后,年年积极投身"社区的力量"消费扶贫攻坚战,迄今已经开启了 16 个线上小店,上架了多种多样来自贫困地区的农副产品,供业主及员工进行选择。企业鼓励全体员工参与转发,希望通过每个人带一斤产品回家,为贫困地区人民切实送上一份温暖,让"温情通过举手之劳传递"。

"积极响应国家脱贫攻坚战的号令,积极组织社区消费扶贫,是义不容辞的"。这是陶敏对国家扶贫工作积极响应与全力支持的鲜明态度。他赞同这样的扶贫创新模式——以城里人精准购买贫困县域的优质农特产品,去推动全国的扶贫大业,最终实现产品共享、感受自然等目标,一举多得。

"为爱众筹",一以贯之

为贯彻落实党中央、国务院关于打赢脱贫攻坚战的总体部署,将"觉悟"化为具体的行动,全国"一盘棋",充分调动地方物业协会和物业企业的积极性,以认购举牌、以买代捐等造血式帮扶行动,动员全社会力量参与到战役中去。

上海景瑞物业始终积极参与国家行动。其实,他们一直视公益为企业应有的责任和担当,从 2016 年开始,每年积极开展"为爱众筹"活动。

景瑞物业人的"公益成绩单"是可圈可点的:

2016年,"为爱众筹"为爱助梦筹得15万爱心电脑教室资金;

2017年,"为爱众筹"为爱助梦筹得190540.94元爱心电脑教室资金;

2018年,"为爱众筹"小厨大爱筹得104361.54元爱心厨房资金;

2019年,"为爱众筹"+社区扶贫结合贡献14000斤产品,共筹得94087.02元爱心厨房资金;

2020年,他们将"为爱众筹"与此次"消费精准扶贫行动"相结合,每销售贫困地区一斤产品,景瑞物业将为贫困地区捐赠一斤米,共筹得100325.61元爱心厨房基金。

景瑞物业人的行动,也以自己的真实付出,为拓宽贫困县农产品销售渠道,"打通农产品的最后一公里",尽了自己的力量。

"创新型扶贫行动,既帮助贫困地区的农民脱贫致富,也让城市社区居民品尝优质产品,这是社区消费扶贫的现实意义所在。"陶敏说。

问:想象中的扶贫和现实里的扶贫,你感觉存在什么差异吗?

答: 人们常常以"理想丰满"与"现实骨感"表达差异。客观上,我觉得在扶贫方面也存在类似情形。譬如,对于消费者参与度、扶贫消费的可持续性,我们最初的预期与现实是有差异的。另外,我们从一开始认为扶贫就是捐钱捐物,到后来意识到"授人以鱼不如授人以渔",让身处贫困的人们通过各方的帮助找到自力更生、创造财富的能力,这也是观念上的进步。

问:事实上,你们有没有遇到不理解的消费者或是业主?

答: 有的,但是这并不奇怪。"社区消费扶贫"是创新型公益事业,需要购买者抱以一种奉献精神和公益情怀,也属于自愿参与,不能强求。我们能做的,就是努力将宣传做到位,通过可以利用的自有平台广而告之,也在"线下"组织一些业主座谈会等等,介绍实际消费的案例,引起的积极正面影响,争取得到更多人的认同,同时也鼓动更多人参与到行动中来。

▲ 热气腾腾的景瑞物业上海助农市集现场

▼ 与爱同行，扶贫助农。

问： 你们是如何让消费者认同"一斤市集"、直播认购等扶贫消费方式的？其与商业消费本质区别在哪里？

答： 首先，我们需要宣传到位，让更多的人意识到这是一场有益于助力国家脱贫攻坚的公益性事业。其次，在宣传推广的基础上做到牢牢把握"精准度"，并且尽力表现出感染力。譬如，我们在直播过程当中可以大量增加扶贫活动实时画面，增加观众的可视感。商业消费的本质是单纯的等价交换，按需消费、按需购买，而扶贫消费却是以帮助贫困者为出发点，这首先在消费者心理上产生了一个较大转变，让人们体会到社会参与的集体意识以及助贫帮困的高尚责任。

问： 对于农副产品的销售环节，您有什么建议或想法？

答： 突出重点产品，这一点很重要。贫困地区有好多优质的农副产品，要选择一些重点产品打造其品牌，让参与者买也买得明白，吃也吃得明白。注重对重点产品的宣传推广，拓宽营销渠道，把贫困地区重点产品推向市场和社区，让城里人也能享受到产自偏僻地区，"远在深闺人未识"的产品，通过市场的检验，达成最后的双赢或多赢的局面。同时还要建立明白的台账，所卖的哪些产品出自贫困县，都要交待清楚。许多人希望"透明"，明白买到的是哪些贫困县的产品，覆盖到了多少当地贫困农户，农户得到的收益是多少，多少人因为你的消费摆脱了贫困，等等。将消费扶贫的成果切实体现在帮助建档立卡贫困村、贫困户的增收上，千万不能是一笔糊涂账。

问： 你们的扶贫工作会一直做下去吗？

答： "力所能及，一往无前。"陶敏坚定地说，"同时也希望能有更多的业主被吸引到我们的扶贫大军中来。"习总书记说过："幸福不会从天而降，好日子是干出来的。"2020年是脱贫攻坚战最后一年，收官之时又遭遇疫情影响，各项工作任务更重、要求更高。我们将尽自己所能，为国家的扶贫事业添砖加瓦。这是一件于社会、于个人都极其有意义的事情。

"带一斤回家",多么美好

访四川悦华置地物业管理有限公司董事、总裁黄峻

文 | 姜浩峰

"作为一家纯市场化的物业服务企业,悦华置地一直紧跟政府与行业的引领,坚持'服务为本'的初心使命,持续专注于服务品质的完善提升。今天的荣誉,既是行业对悦华置地的认可与肯定,更是对公司物业服务团队莫大的激励与鞭策。"这是2020年9月,悦华置地彭州分公司获颁"新冠肺炎疫情防控先进集体"奖时,所作的答谢词。

在新冠肺炎疫情期间,悦华置地物业服务团队秉承着"您的微笑对我们最重要"的企业核心理念,组建"红色防疫先锋队",带领全体员工奋战一线,全力配合政府、主管部门、社区做好每日消杀、体温检测、入户摸排、便民服务等工作,牢筑家园第一防线。据统计,疫情期间,仅悦华置地彭州分公司推出的"爱心菜篮子"服务,就惠及了彭州地区3000余户业主。不仅如此,悦华置地对留守儿童、孤寡老人、贫困大学生等特殊群体的爱心援助及精准扶贫亦是不吝投入,切实践行了"服务业主、回馈行业、感恩社会、愉悦中华"的信念。

在黄峻女士看来,疫情期间推出的"爱心菜篮子"服务,正是基于公司与业主日夜陪伴过程中的彼此了解及互助互爱,尤其是参与了中国物业管理协会发起的"社区的力量"消费扶贫攻坚活动后,物业服务人员对于业主居家的实际情况有了更高频次的互动交流。

"2019年4月,我们作为首批参加'社区的力量'消费扶贫攻坚的企业,组织全国100个在管项目积极参与消费扶贫,开启社区乐农小店,号召业主参与'带一斤回家'的消费扶贫行动。"黄峻说,"最初,我们通过各种宣传手段,让业主

黄 峻

四川悦华置地物业管理有限公司董事总裁

们理解'带一公斤回家'的非凡意义——以消费行为助力贫困地区人口的脱贫。与此同时,我们物业的工作人员也了解了业主的更多情况,譬如哪家有生活上的困难——有些家庭倒不一定是缺钱,而是有一些生活的不便。又譬如,哪家业主属于"双职工",没时间买菜,即使通过快递买菜,也有个收货时间问题。还有一些家庭,家里常年只有老人,买一些较重的生活必需品,就需有人帮忙。"当疫情来了的时候,悦华置业的"爱心菜篮子"服务于第一时间能比较精准地帮到各类业主。

聊到"社区消费扶贫",作为一名有着近 20 年从业经验的资深地产人,黄峻对于企业品牌管理、公共关系维护、项目运营方面都有着极强的敏锐意识。当她得知中国物业管理协会联手易居乐农发起"社区的力量"消费扶贫攻坚战后,立即意识到悦华置地应该参加。在脱贫攻坚的决胜年,企业积极投身脱贫攻坚,是一件兼具经济效益与社会效益的好事情。

而在投入到"带一斤回家"活动后,黄峻发现,那些贫困地区实际上是有很多"宝贝"的。2020 年 7 月 4 日,当"带一斤回家,消费扶贫从社区开始"成都站市集举行的时候,黄峻看到了不少好东西。譬如各种原生态的蜂蜜、贡枣、花生、蒙古奶贝、西藏高原藏木耳等。琳琅满目的农产品来自河北赞皇县、山东五莲县、山东泗水县、安徽南陵县、河北丰宁满族自治县、山西代县、西藏米林县、陕西富平县等 8 个扶贫县域。

看到业主积极参与、满心欢喜采买的情形,黄峻突然感到,"带一斤回家"是件多么美好、洋溢着幸福感的事。原本,交通不发达的年代,城市家庭消费的采买行为,通常只能买到城市附近郊县或者农村的产品。所谓"靠山吃山、靠水吃水"。而一些交通不便的山乡,尽管有着无污染的农产品,甚至有一些其他地方种植不出的特产,可是很难售卖到远方,或者卖不出高价。而现在,通过中国物业管理协会、易居乐农以及悦华置地等各个物业管理公司的共同努力,发掘和促进了"社区的力量"之成长。如此一来,贫困山乡的土特产品以更高的价格,更精准地卖到了社区居民的手里。与此同时,社区居民也吃到了更健康的有机食物。如果算上由此带来的物业公司口碑的提升,则这样的项目实现了三赢或多赢。

黄峻直言,"带一斤回家"成为一种新型扶贫理念之后,无论是物业服务项目业主、社区家庭、合作伙伴,还是物业公司员工,大伙儿的公益心都被调动起来。"以最简单的消费行为,去帮扶那些贫困地区最需要帮助的人,效率很高。"

据黄峻介绍,截至到目前,通过 100 个社区力量的集合,悦华置地"带一斤回家"行动已经累计消费 3.32 万斤,位列成都市第 4 名,全国第 30 名。不仅如此,悦华置地已经对接到西藏日喀则市、四川绵阳平武县、四川甘孜州炉霍县三个地区的产业精准扶贫工作。

而来自成都市物业管理行业的统计表明,2020 年,成都市物业管理行业实现专项行动参战单位与相关贫困地区建立长期稳定的农产品产销对接关系,带动贫困地区打造出一批农产品品牌,整合动员超过 30000 个社区加入,动员超过 2000 万户家庭参与,通过 1000 款定制研发产品的社区消费,直接帮扶 10 万建档立卡贫困户,间接帮扶 100 万建档立卡贫困户,服务脱贫攻坚的能力和水平显著提升。"悦华置地物业公司参与其中,与有荣焉。"黄峻表示。

在参与社区消费扶贫之后,黄峻工作越来越忙,干劲却更足了。2020 年,悦华置地物业公司率先加入"藏区青苗牵手计划""平武熊猫公社"行动、"格桑花开 · 锦绣炉霍",主动认领藏区青稞田 12 亩,承包平武农场基地 8 亩,期望打通消费与产业链接,实现城市社区与贫困地区的对接帮扶,帮助贫困地区"真脱贫、脱真贫"。

以"平武熊猫公社"计划为例,这是一个让城市社区与乡村社区联动的项目,让城市居民享受到来自贫困地区产地直供的果蔬干货杂粮等,同时融入乡村生活,体验农耕文化。

黄峻女士说,等到新冠疫情结束,希望能和业主们一起去贫困地区看看,让"一个社区一亩高山田,一个家庭一斤高山菜"的美好愿景变成现实,也真正满足城市人对于"诗与远方"的生活向往。

▲ "助力平武"活动现场
▼ 悦华置地爱心菜篮子服务

问: 您管理的物业,在对特殊群体帮扶上做了哪些工作?

答: 发挥物企基层服务治理的优势,建立贫困者、老弱孤残帮扶点,为特殊群体带去关爱、播种希望。截止到目前,我们联合地区福利院,助养福利院儿童三十余名;组织关爱独居老人、留守儿童的上门服务百余次,惠及特殊群体1200余人次。

问: 社区售卖扶贫产品,物业公司重点是做哪些工作?如何提高居民配合度?

答: 物业公司工作主要体现在三个方面:第一是宣传好扶贫工作的积极意义与最新动向;第二是对业主消费扶贫进行必要的引导;第三是做好产品售后的服务。

对于提高居民配合度,公司从两点出发:首先是做好消费扶贫行动的宣传引导,打消业主对于"消费扶贫真假"的各种疑虑;其次,通过线下市集、展会等方式,让居民获得真实的消费体验,并建立好感。

问: 困难在哪里?

答: 业主消费习惯的改变。大部分业主已经习惯了在淘宝、京东、拼多多等消费平台购物,很难再去接受新的渠道方式。这就卡在了消费行为的"入口"。

问: 未来,物业支持扶贫,还会有哪些举措?譬如招聘相关地区人员方面是否会有优惠?

答: 现在我们已经在做一些新的计划和尝试。譬如,招聘贫困地区的工作人员,通过稳定的就业给贫困人群带去相对固定的收入,助力脱贫的稳定性和持续性;另一方面,我们更关心贫困地区的老人、儿童等特殊群体,也在寻找一些专业领域的志愿者提供服务,希望除了物资扶持,更给他们提供一些心理上的辅导等。

他们的爱心脚步不曾停歇

记合肥市新华物业推出精准扶贫"组合拳"彰显社区力量

文 | 贺杏华

美好的生活是什么?来一场说走就走的旅行、和家人吃一顿美味大餐、陪孩子踢一场足球赛……随着生活水平不断提高,人们在追逐美好生活的道路上奔跑。

在此之际,合肥市新华物业管理有限公司怀着感恩社会、回馈社会的情怀和责任,积极投身扶贫济困活动,将扶贫的暖流送向四面八方。该公司总经理罗庆秋表示,企业在不断成长的过程中,得到各界的支持和帮助,而助力脱贫攻坚,是企业应有的社会责任。企业愿意积极采取各种方式,以实际行动为国家脱贫攻坚战略贡献一份力量。

牵手藏区青苗计划 跑出爱心扶贫速度

合肥市新华物业本着"业主至上,服务为本"的理念,坚持做好"对人的服务,对物的管理",通过全体员工的共同奋斗,赢得了广大业主的信任和良好的社会声誉。2017年、2018年、2019年、2020年,新华物业连续四年被中国物业管理协会评选为"中国物业TOP500强"。他们在做好自身发展的同时,从来不忘回馈社会。给人印象最深的是他们加盟中国物业管理协会主办的"藏区青苗牵手计划",表现突出。

"在此之前,我们曾连续多年开展爱心慰问活动,但如今的扶贫助困规模和力度更大。"罗庆秋介绍说,2020年上半年,他和同事们飞到青藏高原,来到位于西藏的日喀则,看到了属于这片土地的独有风光,也看到了身处困难、急需帮扶的藏民。那里有全世界最大的青稞产地,极目远眺,一望无际,蔚为壮观,但由于地处

罗庆秋
合肥市新华物业管理有限公司总经理

僻远，青稞销售环节非常薄弱。

"我们第一时间就认领了近20亩青稞！"罗庆秋说，以每亩7000元的价格认领青稞地，不仅可以帮扶一户藏民脱贫，为青稞产品落实销售渠道，还可以帮助藏区的孩子顺利入学。

据介绍，"藏区青苗牵手计划"是针对西藏青稞产业发展的可持续专项消费扶贫行动，通过"牵手一个家庭，培养一个孩子，共享一亩青稞"三位一体行动，为高原的贫困儿童提供帮助、支持和服务，也在更大范围内让城市和乡村有机地衔接，实现脱贫攻坚的跨越式发展。截至目前，合肥市新华物业管理有限公司参与消费扶贫的"战绩"列在全国物业行业第42位，实现销售额超过19万元。罗庆秋表示，他们不会满足于此，将持续关注西藏贫困儿童的成长，通过实际行动让西藏同胞感受到爱心的力量。

"红色物业"点亮希望，为梦想插上腾飞的翅膀

近年来，合肥市新华物业管理有限公司爱心的脚步不曾停歇，足迹涉及内蒙古、新疆、湖南、陕西、安徽等地。除了慰问帮扶之外，他们重点推出"爱心助学"行动，志在帮助更多的孩子实现读书梦。2018年，合肥市新华物业管理有限公司爱心小分队来到庐江，"当时我们发现，小学的教育设施和环境年久失修，亟待整修。"罗庆秋回忆说，"那里的教室是瓦房，桌椅板凳都是老式木质材料，玻璃破损严重。经过我们的爱心帮助，如今，小学的环境得到改善，孩子们可以坐在明亮的教室里安心学习了。"

2019年，新华物业管理有限公司的助学脚步在继续前行。他们的爱心小分队又前往阜阳颍上县，对当地的20多个贫困户进行帮扶，为他们送去现金。

2020年5月28日，新华物业的爱心小分队再次出动，来到肥东县响导乡中心小学，为当地的孩子们送去一批课外图书和体育用品。响导乡中心小学校长和20名学生参加了捐赠仪式。随后，爱心小分队驱车来到两名留守儿童的家中进行探望，并给他们送去了书包、足球、蓝球和益智玩具等物品。"这次捐赠满载新华物业对农村儿童，尤其是留守儿童的关注与支持，希望这份爱心能为孩子们带去实实在在的帮助和温暖。"罗庆秋介绍说。

转眼间，2021年又在眼前，他们的扶贫工作仍在计划持续。罗庆秋说："我们将前往皖南山区，进行点对点扶贫活动，让更多需要帮助的孩子受益。"他表示，未来，合肥市新华物业管理有限公司将一如既往地践行"红色物业"，积极传递社会正能量，将公益和爱心活动进行到底。

小区试办"市集"，打通农产品销售的"最后一公里"

在所管理的小区办"市集"，也是新华物业帮助贫困县打通农产品销售"最后一公里"的有益尝试。2019年4月，中物协下发《关于开展"社区的力量"消费扶贫攻坚战专项行动的通知》，新华物业通过公益宣传、社区活动、大型市集、平台运营等多种参与方式，动员物管行业凝聚起强大的消费扶贫之合力。"我们积极参

▲ "红色物业"走进校园助学活动

▼ 涓涓细流，汇聚你我之力

加以购代捐的创新帮扶行动，并认购了很多偏远地区的农产品。"罗庆秋说。2019年，合肥市新华物业管理有限公司斥资30多万元，购买了大米、水果等农产品，累计39796.17斤。

"通过发挥物业的优势，打开贫困地区的销售渠道，打通农产品的"最后一公里"，帮助贫困地区的人脱贫致富，同时也让社区居民受益，这是非常有意义的扶贫创新。"罗庆秋介绍说，他们在所服务的小区内搭建了"市集"，摆出了充满地方特色的新鲜农产品，一时间吸引来了很多居民，有的咨询，有的购买。

"消费品质得到保证，这是社区消费扶贫的关键所在。"罗庆秋认为，"精准扶贫进小区"这样的落地活动，实现了线上线下互动共融，居民把农产品买回家，实际上是把山区的某个家庭、某一个产业扶持起来，一举两得。

毋庸讳言，小区"市集"虽然热闹，也曾受到争议。

在开展活动过程中，一些业主曾怀疑，物业公司赚取业主的差价，脱离了物业服务本质。面对这种"误解"，新华物业的员工耐心地给业主们介绍社区消费扶贫的初衷，介绍农产品的来龙去脉，使得业主渐渐了解和理解了消费扶贫，继而也参与其中。

助推公益、扶贫助农都不是一朝一夕的事情。新华物业管理有限公司意识到，积极探索并持续做好社区消费扶贫的"最后一公里"组织动员，让业主足不出户就能买到经济实惠的优质产品，于国家、社会、乡村建设以及社区管理服务，都是很有意义的。

扶贫是雪中送炭,也是潜移默化

访上海益中亘泰(集团)股份有限公司副总裁陈荒明

文 | 苏展

书包的一侧开了线,线头肆无忌惮地露在外面;解放鞋褪了色,是风吹日晒的痕迹;鞋面上蒙着灰,几乎融进了土地的黢黑中。

这是上海益中亘泰(集团)股份有限公司总裁朱春堂至今仍记得的细节。

三年前,益中亘泰前往四川省泸州市古蔺县,向当地留守儿童捐赠物资。6月,正是古蔺县大雨滂沱的季节。一亩三分地的微薄收成难以维持生计,山民只能留下孩子,进城打工。山道泥泞,留守儿童们明澈而迷茫的眼眸揉进了朱春堂心里。

一个念想在他心中萌发:什么方法既能保证山民的收入,又让他们留在孩子们身边?

2019年4月,中国物业管理协会发出《关于开展"社区的力量"消费扶贫攻坚战专项行动的通知》,要求全国物业公司发动辖内居民或住户参与"社区消费扶贫"。

将贫困地区的农副产品经物业的渠道送到社区,通过物业客户的消费带动贫困地区老百姓的增收脱贫,这不正是寻思已久的解决之道?朱春堂欣喜万分。"坐镇"服务范围涵盖全国21个省、4个直辖市、80余座城市的大型专业医疗机构后勤服务供应商,朱春堂当即将"社区消费扶贫"作为企业主抓的业务之一。

时至2020年,古蔺已退出贫困县之列,益中亘泰也取得了斐然的消费扶贫成果:截至目前,益中亘泰能够量化的销售金额达17.56万元,实现农产品销售2.9万斤,并在藏区青苗牵手计划中认领青稞地15亩,助养15名西藏困难学子。与此同时,企业定点扶贫对口地区包括华东、华北、东南、西北、西南、华中、东部,参

获得"助农先锋奖",实至名归

与项目达120个。

踩过贫困县的泥泞山道,朱春堂指挥下的"社区消费扶贫"专项工作越发强调务实。

专项工作执行者,集团副总裁陈荒明将物业公司的角色描述为"桥梁"——联结着贫困地区和消费客户两头。益中亘泰不仅关注产品来源地是否真正属于贫困地区,同时也聚焦产品的品质,着力建立客户对扶贫产品的信任,从而增强参与度。

> "扶贫是一种社会责任,但消费是个人感受和体验。如何真正建立起对扶贫产品的信赖,是亟需解决的问题。"陈荒明说。

当下,益中亘泰依托"乐农社"APP维系与客户的信任度。由中国物业管理协会发掘的国家贫困县特色产品,通过"乐农社"APP向大城市的购买者展示。这是一种三方共赢的方式,作为"桥梁"的物业公司很大程度上规避了对产品来源地以及品质的"认证风险";而对于买卖双方,由正规国家机构托底,也消减了诸多疑问。

不过,尽管规避了"认证风险",直接对接客户的物业公司依然需要承担"信任风险"。

信任感基于用户体验,如何了解客户对产品的感受?陈荒明介绍,益中亘泰高层购买扶贫产品"亲测"质量,同时也会向客户搜集用户体验,再向"乐农社"反馈。

"天气特别热的时候,我们购买的一些新鲜水果送达时有腐坏的情况。"集团总裁办公室秘书、工会对接人刘洋表示。他们非常理解物流过程中的损耗,遑论产品所处地区偏远,但影响消费体验也是客观事实。"产品出现问题,我们也很为难,现在主要还是靠安抚来疏解客户的不满。虽然一时能妥善解决,但也要考虑到以后的可持续性。"

"客户信任我们,我们信任行业协会。那么如果产品出现问题,问题出现在哪个环节?我们该怎么解决?"

这是朱春堂时常思考的问题,亦是作为"亘泰人"的责任感。

是否有可能与技术和流程上相对成熟的第三方认证机构展开合作?朱春堂了解到当前已有这样的机构,于是向"乐农社"建议,"如果有第三方为产品质量、储藏保鲜、快递物流等承担责任,就能形成闭环。"

与数年以来的"线下"捐献物资式扶贫不同,社会责任、造血功能和消费体验恰到好处的"多赢式"结合是这个时代对"社区消费扶贫"的注解,也是益中亘泰在具体落实中努力的方向。

对于益中亘泰而言,"社区"的概念与传统意义上的理解有所不同。企业的主体客户是大型专业医疗机构,服务对象是超过百万的病人和医护人员,这意味着较大规模的人员流动。如何让贫困地区的农副产品深入人心,甚至成为首选,是颇为严峻的挑战。

陈荒明说:"人一旦生病,就会更注重自己的健康。扶贫地区的农副产品正是主打绿色、环保、无污染,从产品推广的角度来看反而是我们益中亘泰能够发挥独到作用之处。实际效果上的确也更加精准、更有针对性。目前,我们配合全国140余家医院落实社区消费扶贫工作,其中的辐射带动能力非常强劲。"

▲ "社区的力量"走进医院

▼ "医管家"积极参与藏区扶贫助学行动

由于客户的特殊性，企业承担更多的是幕后配合工作，着力于承办、策划、公益宣传等，通过医院推动工作，扶贫实际成果颇难量化。在言及更具象的"社区"概念时，陈荒明点出了2万余名"亘泰人"。益中亘泰是劳动密集型产业，为数不少的员工本身就是扶贫对象，扶贫是企业自创立之初就一以贯之的重点项目。

在此背景下，益中亘泰采取了更为灵活的方式：一方面企业管理层自发购买农副产品，另一方面通过企业集采，将产品推广给员工。陈荒明表示，企业考虑到绝大多数一线"亘泰人"薪资不够宽裕，要求工会通过送福利的方式让员工感受"扶贫产品"，同时起到宣传作用。

扶贫是雪中送炭，也是潜移默化。

企业来自贫困地区的员工在感受过"扶贫产品"后，积极提出希望把自己家乡的农副产品也加入"乐农社"平台，为其家乡的脱贫工作尽一份绵薄之力。

"员工有这样的意识，说明这种扶贫方式深入到了人心，获得了认可；也为行业协会的深入挖掘产品提供了一种选择。"陈荒明说。

在社区消费扶贫领域，益中亘泰的"社区"概念远不止于这些。最近，他们潜移默化的对象还包括外资企业。宜家，便是当前益中亘泰重点"渗透"的对象。"我们为其9个门店提供服务，这是非常具有潜力的合作机会。"陈荒明介绍。

企业的社会责任感以及进取意识，由此可见一斑。这正是朱春堂自企业创立之初就念兹在兹的企业文化，如今深入每一个"亘泰人"的心底，化为了自觉行动。

问： "新冠疫情"对益中亘泰的"社区消费扶贫"行动产生了怎样的影响？

答： 疫情期间，益中亘泰服务的参与抗疫医院数量有102家，参与抗疫工作的员工有两万多人，其中有32家是国家规定的新冠肺炎疫情定点收治医院。那么，首先一定是先满足疫情防控工作的需要，不过我们的扶贫工作也没有裹足不前。我们在"藏区青苗牵手计划"中认领15亩青稞地，助养了15名西藏困难学子，这些工作都在推进。6月，益中亘泰派出企业文化大使和董秘参加"西藏牵手公益行"活动，去看望孩子们，回来后向员工们分享了感受，极大地提升了员工的社会责任感，升华了个人情怀。

问： 有没有遇到对"消费扶贫"不理解的客户？

答： 这是一个潜移默化的过程。企业在宣传方面着墨颇多，我们有自己的微信公众号，会刊登很多与扶贫相关的内容。从客户方面讲，我们每两个月同客户医院开会，讨论彼此在工作过程中需要相互配合的工作。结合企业和医院共同的需求，协助医院推动扶贫工作。在此过程中，我们策划、承办了很多公益活动，推广消费扶贫的观念及产品。成果还是显著的。

对我们"亘泰人"来讲，企业一直处在一个正能量的状态。企业创立之初就非常重视扶贫，为此还设有专项资金。其实，扶贫工作是一以贯之的。我们的员工长期在正能量企业文化的熏陶下，境界得到了提升，也具备一定的社会责任感。

问： 与传统的线下扶贫相比，"社区消费扶贫"的优势体现在哪里？

答： 我记得我在政府机关办公室当支部书记的时候，我们捐助过一个崇明的小孩，一直捐助到他大学毕业。支部12个党员负责他一个人，跟踪他的成长、就业，开展思想教育、定时组织活动、见面等等。当然"百年树人"，不可否认当中的人情味儿，但客观上讲，有一定的时间和人力成本。

现在，像"乐农社"这样一种"线上"新技术平台，几乎普惠到所有的贫困人群。组织化扶贫效益很高，是社会责任、造血功能和消费体验"多赢式"的结合。

让扶贫之花结出希望之果

记高速地产物业扶贫党建与生产经营深度融合

文 | 肖高

在举国上下全面打响的脱贫攻坚战中,物业企业成为挺立在前沿的战斗堡垒。高速地产物业管理服务有限公司(以下简称"安徽高速物业")作为一家全国知名的物业服务企业,一直默默地"奋战"在扶贫的一线。无论在"社区消费扶贫",还是"藏区青苗牵手计划"中,他们倾力付出,一路上风尘仆仆却硕果累累,留下了一串串坚实而清晰的扶贫脚印。

创新"党建+扶贫",发挥"高速"力量

安徽高速物业系安徽省高速地产集团全资子公司,成立于 2009 年 8 月。经过

一路风尘仆仆,收获硕果累累

10多年风雨兼程，他们成为一家口碑上佳的物业管理服务企业，先后荣获中国物业管理行业物业服务企业综合实力测评100强、安徽省商标品牌示范企业、安徽省青年文明号、安徽省属企业先进基层党组织、安徽五四青年奖章集体等荣誉。他们具有国家物业服务企业一级资质，在管项目遍布合肥、六安、巢湖、铜陵、池州、滁州、阜阳、亳州、芜湖、黄山、安庆、灵璧、蒙城等地，物业管理服务总面积约1000万平方米。他们深植红色基因，积极推行微笑服务、暖心服务、贴心服务，依托"用心、细心、贴心"三心服务与业主共建美好家园，构建"乐邻、乐居、乐享"三乐社区，让业主切身感受到"新时代 住好房 美好生活尽在高速地产"。

因而，多年以来，安徽高速物业深得业主们的信任和好评。

而在扶贫济困方面，安徽高速物业一样表现出"用心、细心、贴心"。他们深入学习贯彻习近平总书记在决战决胜脱贫攻坚座谈会上关于"开展消费扶贫行动"的重要讲话精神，充分发挥基层党组织助力脱贫攻坚战的先锋带头作用和党员先锋模范作用，通过"党建＋扶贫"，助力脱贫攻坚，持续注入自己的力量。

他们以"扶贫＋党建"作为抓手，通过汇聚发展合力、夯实发展潜力、增强发展动力、激发发展活力、提升发展实力"五力"合一，增强党员干部的凝聚力，为公司创新发展持续注入动力与活力，从而使"扶贫＋党建"成为推动企业改革发展的一个强大动力引擎，在脱贫攻坚战中显示了"安徽高速物业"的坚强战斗力。

变"收成"为"收入"，变"滞销"为"畅销"

近年来，安徽高速物业多次举办"带一斤回家"活动，发动组织社区业主参与消费扶贫。

在宿州市灵璧县，有个浩园果蔬种植合作社，其雇佣工人均为贫困户村民和残疾人。受一场突如其来的新冠肺炎疫情的影响，他们辛勤栽种的果蔬眼看到了丰收季节，却无奈陷入了"滞销"。合作社上下忧心如焚，这一"情报"传至安徽高速

▲ 爱心如暖流,流入心田

▼ "党建+扶贫",体现"高速"力量

物业，党支部成员坐不住了。他们急农户所急，忧农户所忧，立即牵头多个部门，分别在合肥高速时代城以及滨湖时代广场小区开展"带一斤回家"扶贫助农活动，而且实价实卖，不赚一分钱差价。结果，一炮打响，帮助农户变"收成"为"收入"，变"滞销"为"畅销"，让农户笑逐颜开。与此同时，也帮助社区的业主在家门口采购到绿色、健康的食品，尝到新鲜的美味，实现一举两得。

据了解，自"带一斤回家"活动开展以来，他们已经累计帮助农户销售葡萄、玉米、鸡蛋等农产品40多万元，实际帮扶灵璧县237户贫困家庭、375名贫困人员。

"输血"+"造血"，助力精准扶贫

在发动消费扶贫过程中，安徽高速物业积极探索多种方式，为打赢脱贫攻坚战持续发力。

令人印象最深的，首先是以"输血"+"造血"助力精准扶贫。

安徽高速物业党支部结合"党员活动日"，先后开展"情系老区、爱心助学""爱意暖寒冬，物业献真情""不忘初心，牢记使命，用心扶助留守儿童"等活动，前往风光秀丽、物产丰饶但交通不便、信息闭塞的革命老区金寨县，为沙河乡西河小学40多名贫困留守学生送上学习、生活用品和爱心助学金。他们走访慰问金寨县白果村老党员及贫困家庭，为老党员及贫困家庭送上了生活品和爱心慰问金。他们为金寨县白果村留守儿童发放学习用品及课外书籍，积极传递正能量和社会大爱。"输血"的同时，安徽高速物业党支部更注重为扶贫地"造血"，努力探索"授人以渔"模式，以帮助农村长期脱贫。安徽高速物业党支部与金寨县白果村党组织结对共建，通过"互联网+"模式拓宽贫困户农产品销售渠道，在安徽高速物业时代城小区打造"党建+"扶贫实体店，销售白果村贫困户农产品，实现"以销代扶、助力脱贫"，同时也为业主提供健康、绿色的天然食品。

情系雪域高原，助力青稞地认领

安徽高速物业在参与"藏区青苗牵手计划"，助力专项扶贫过程中,也表现出不俗的成绩。新冠疫情刚刚趋缓，安徽高速物业党支部就积极响应中国物业管理协会

"社区的力量——藏区青苗牵手计划"专项扶贫行动的号召，对接西藏日喀则市的青稞种植基地，与定日县曲当中心小学的625名藏区贫困儿童"牵手"，认购青稞种植基地。

这项活动的亮点在于，一方面，每认购1亩青稞田，实际解决1名藏区儿童所需的生活和学习开支；另一方面，认购企业和个人也能获得一亩青稞田生产的青稞及深加工产品。

安徽高速物业党支部面向全体职工发出倡议书，呼吁大家为西藏高原贫困区孩子伸出援助之手，扶贫济困，弘扬传统美德，并很快赢得热烈"回应"。他们通过"党建+"扶贫实体店平台，累计认购青稞田25亩，"牵手"帮扶25名藏区儿童，实现了城里的企业及社区与千里之外的雪域高原贫困学龄儿童的结对帮扶。

由此可见，安徽高速物业是一家有觉悟、有温度的企业。他们以"扶贫+党建"为抓手，着力将党的政治建设、思想建设等不断融入到企业生产经营的各项工作中，真正使扶贫党建工作深入人心、融入经营、植入管理，从而为企业发展提供了不竭动力。

让社区消费扶贫成为一种新的消费循环

访旭辉永升服务执行董事兼 CEO 周洪斌

文｜许慧

提起周洪斌，物业行业里几乎"无人不晓"，也有人称他为"老法师"。

周洪斌 20 余年深耕房地产开发和物业管理行业，是一位"用心构筑美好生活"的人居哲学探索者。他引领旭辉永升服务上市，并驶入行业新赛道；他善于创新求变破常规，以前瞻性思维推动旭辉永升服务的求新改革，不负众望成为"2020 亚洲最佳首席执行官"。

这样一位叱咤行业的风云人物，始终带领企业披荆斩棘，砥砺前进，也有他大仁之心。当问及有关脱贫攻坚、精准扶贫的项目时，他没有一丝犹豫，说："扶贫，也是我们用心构筑美好生活的使命。我们不仅仅要让我们的客户满意，而且在我们的企业使命与责任担当中，也蕴含着更深刻的东西。"

社区是美好生活的载体，旭辉永升服务自成立以来就以"用心构筑美好生活"为使命，不断为居民提供"感动人心的服务"。在国家精准扶贫政策的号召下，旭辉永升服务在快速发展的同时，也不忘饮水思源，自觉承担企业的社会责任，率先响应，加入了精确引导、消灭贫困的阵营中，扛起投身精准扶贫伟大事业的大旗，成为中国社区扶贫联盟理事单位，协同发力，打通社区最后一公里，共同参与"社区支持农业"模式下的消费扶贫行动！

"精准扶贫是一项功在当代，利在千秋的事业。我们要治标，更要治本。因此，授人以渔，为农业赋能，要找到根本的方式来解决。"周洪斌习惯用战略思维来解决问题，参与社区消费扶贫。他认为，物业服务企业在生产、流通、仓储、消费等整个链上的"最后一公里"突破，能为扶贫找到一个新的思路。"我们不应该总是

周洪斌
旭辉永升服务执行董事兼 CEO

认为我们是在帮助别人，而是我们希望以一种共赢的方式，实现新的内需循环，形成一种商业模式。"

授人以渔，赋能要有新的商业模式

2018年起，他们凭借旭辉永升自身优势，积极搭建帮扶窗口，通过线上线下多种形式，号召广大业主居民踊跃参与，凝聚永升社区的力量，助力消费扶贫，为贫困区域送上一份温暖。

旭辉永升服务积极响应，配合联盟开展扶贫活动，依托全国资源优势，不定期地在各地的社区免费提供场地，组织业主活动等，供各贫困县优质农产品进行推广销售，打通县域产品与社区消费的渠道，并鼓励业主积极参与到各类扶贫助农的活动中来，助力脱贫攻坚。

譬如，旭辉永升服务有个项目推行"菜篮子"活动。他们通过与农户合作，让业主在家门口就能买到新鲜蔬菜、水果；同时利用资源的优势，让农户参与销售，拓展渠道，获得有尊严的收入，实现业主与农户的互惠双赢。授人以渔，是为中国农业赋能的最好方式。

"就这样一个小小的'菜市场'，也让旭辉永升服务有了'温度'，业主满意度因此而提升。可以说，'社区支持农业'，是一个可持续的多赢模式。"

2019年4月，旭辉永升服务积极响应"社区的力量"消费扶贫行动，为上海市首批报名"参战"的企业。当年8月，旭辉永升服务在首创旭辉城举办了大型"社区的力量·一斤市集"活动，打响了旭辉永升在全国消费扶贫攻坚战专项行动的"第一枪"。据统计，旭辉永升服务全国联动，前后持续数月，有2000名以上员工、3000户业主共同参与，共销售1.56万斤。2019年度，旭辉永升服务跻身全国贡献排行Top 50，获评"社区的力量"消费扶贫企业贡献奖，永升首旭嘉苑社区名列全国贡献排行Top100，并获评"社区的力量"消费扶贫榜样社区。

藏区青苗牵手，孵化新未来的希望

2020年3月，旭辉永升服务作为中国社区扶贫联盟理事单位之一，积极参与了

▲ 品尝扶贫产品，爱心油然而起
▼ 永升服务牵手雪域高原，帮扶学子

"藏区青苗牵手计划"专项行动。这一"牵手计划"是"社区的力量"消费扶贫攻坚战专项行动系列活动之一，也是针对西藏青稞产业发展的可持续专项消费扶贫行动，计划3年内培养城市社区家庭对青稞产品的消费认知，建设认领10000亩青稞种植基地，陪伴10000名雪域高原的学龄儿童共同成长。

旭辉永升服务率先认购青稞基地11亩，将帮助11名西藏地区的贫困孩童健康成长。

10月16日，旭辉永升服务代表参加了由中国物业管理协会、中国扶贫志愿服务促进会、易居乐农承办的"大手小手，伴你成长——藏区青苗牵手计划"赴西藏助学扶贫公益考察活动，探访西藏日喀则市青稞基地，并为曲当乡中心小学三年级一班43个孩子送去爱心青稞产品、爱心书籍和各式各样的文具用品，与西藏贫困地区的孩童们牵手相伴，将城市社区与高原藏区人们的心密切地连结在了一起。

> 周洪斌表示，旭辉永升服务深度践行企业使命，用爱传递人文关怀，用丰富的形式与社会分享自己的发展成果，倾情回报社会。尽管一开始遇到诸多困难，但是旭辉永升服务仍然会坚定不移地坚持下去。

问： 并非所有人都能甄别真假扶贫。你们是如何让消费者认同"一斤市集"、直播认购等扶贫消费方式的？其与商业消费本质区别在哪里？

答： 社区消费扶贫是从国家到政府都在花大量人力、物力去用心做的一件事情。我们作为企业，承担自己应尽的社会责任，就是要发挥好"桥梁"与"平台"的作用。譬如，在社区举办"一斤市集"活动时，我们先要拿着行业的扶贫文件去居委会报备后才能去进行的。居委会了解情况后，会联手物业积极宣传推广，告诉业主这一事情的来龙去脉。逐渐，你就会发现，真正的扶贫活动，业主们都会发自真心给予支持。

问： 遇到不理解的消费者或是业主，你们如何应对？

答： 其实，一些业主表示不理解，是完全正常的。由于社会上时不时出现"欺骗"的行为，让大家面对"推销"等行为都有很高的警惕性。但是，我们知道业主大多是非常愿意为真正有困难的人伸出双手的。我们要做的就是公开、透明，让业主们了解社区消费扶贫的真正意义，要把每一位业主的爱心真正传达给最需要的人。

问： 您怎么评价这一创新性公益项目？以后是否愿意继续坚持去做？

答： 饮水思源，我们在社会中成长，就要回馈以社会。我非常喜欢这一创新性公益。中国有句古话，乐善有恒，大爱无疆。这是一个让我们企业、农户、业主共赢的新模式，形成一个新的消费循环，把好的产品送到有需要的人手中，让供需平衡，为后续扩大内需助力。同时，我们还可以联合贫困农户，着力打通生产、分配、流通、消费各个环节，形成更多新的增长点。我觉得这是一件非常有意思，更有意义的事情。

创造"三多"模式 助力精准扶贫

记鑫苑科技服务集团有限公司

文 | 歆元

鑫苑服务是一家有"温度"的企业。20多年以来,他们在变革中求发展,在发展中守初心,秉承"以爱为本,服务社会"的经营理念,切实为广大业主创造"服务价值"。他们并不满足于单纯的业务发展,也积极履行社会责任,将"扶贫助农"等公益活动融入企业文化,在帮助别人的同时也带出了一支优秀物业管理团队,实现了精神升华。

消费扶贫,助力"社区的力量"

"扶贫是事关国家、社会的一盘大棋,也与我们每一个人息息相关。"鑫苑服务负责人介绍说,2019年年初,国务院印发《关于深入开展消费扶贫助力打赢脱贫攻坚战的指导意见》,明确指出消费扶贫是社会各界通过消费来自贫困地区和贫困人口的产品与服务,帮助贫困人口增收脱贫的一种扶贫方式,是社会力量参与脱贫攻坚的重要途径。那时,他们通过学习领会,意识到"消费扶贫"是国家战略,"而身处社区管理一线,我们应当有所作为。"

鑫苑服务看清了行业具有这样的优势:他们身处贫困县农户种植、运输、仓储、销售的"最后一公里",充分发挥这一优势,运用自身的能力与影响力,整合全国社区的资源优势,拓展贫困地区产品销售渠道,将质优价廉却困于销路的农产品引入社区,有着巨大的发展空间。因此,他们积极响应"带一斤回家"的号召,将扶贫行动与鑫苑服务专业服务理念高度融合，一方面满足业主的消费需求，另一方面也助力贫困区域产业发展，结果是可喜的。

譬如"竹溪贡米"，唐代始封"贡米"，富含人体所需钙、铁、锌、硒等微量元素，2008年曾获第五届中国武汉农业博览会农产品金奖。然而，由于产地湖北竹溪地处大山阻隔、交通和信息严重不畅的环境，导致种植特色农产品们的山村农户始终处于"深山藏宝无人识"，竹溪县也成为国家级贫困县之一。在"带一斤回家"活动中，鑫苑服务创新性地开展"线上+线下"联动，发挥社区消费力，将"竹溪贡米"推广销售到全国鑫苑社区中。仅仅一周，销量达到2.3万斤，合计16万元。同时，他们也为盐池滩羊、南瓜、鹦鹉绿豆等原本销售无门的农产品，在所辖社区广拓销路，结果深受业主欢迎。

鑫苑服务还积极实践企业"一帮一"产业扶贫工作。2019年，他们响应河南省物业管理协会号召，定向与驻马店市上蔡县上岗村签署帮扶协议。通过购买贫困农户制作的拖把，定向帮扶当地村庄经济发展，以爱心拖把进小区的方式，变"输血"为"造血"，让上岗村农户依靠自己的劳动成果，摆脱贫困境地。"扶贫且扶志，才能从根本上助力脱贫"。

教育扶贫，扶贫与扶智并进

教育扶贫，是鑫苑服务积极参与脱贫攻坚战的又一探索。

习总书记说，"扶贫先扶智"。鑫苑服务深以为然。他们认识到，让贫困地区的孩子接受优质的知识教育，是扶贫开发的一项重要决策。与此同时，教育扶贫更具长效，是从根本上阻断农村贫困代代传递的有效方法。

为此，鑫苑服务高度重视教育扶贫，多年以来持续开展"爱心助学，筑梦未来""爱满鑫苑、助力东兴""藏区青苗牵手计划"等系列教育帮扶活动，致力于改善乡村的学习条件，设立爱心助学基金，结对帮扶困难学生，助力儿童健康成长。在2008年汶川地震中，东兴乡小学校舍严重受损，学生在救灾板房中坚持复课。鑫苑服务从河南省红十字会得知东兴乡小学的求助信息后，第一时间捐资，为学校修建了坚固的教学楼和宿舍楼。从那以后，他们持续关注、帮扶东兴乡小学。2019年，为了给这所足球特色学校的孩子们创造更好的锻炼条件，鑫苑集团向学校捐赠了200个足球，还捐资建起一块优质的人工草坪足球场。2020年，鑫苑全体员工踊跃捐款，为东兴乡小学设立"鑫苑助学金"，用于扶贫助学。同时，鑫苑服务作为中国社区扶贫联盟理事单位，响应行业号召，积极参与精准聚焦"三区三州"的"藏区青苗牵手计划"专项行动。"一个社区一亩青稞田，一个家庭一名藏区娃"。他们通过认购青稞田结对帮扶西藏贫困家庭，助力当地贫困学生成长，促进藏族人民群众持续增收，搭建连接城市社区与高原藏区的爱心通道，传递社区公益力量。

关注民生，扩大就业

"授人以鱼不如授人以渔"。大家都有这样的意识，但怎么做？

近年来，鑫苑服务积极为政府分忧，主动吸纳贫困县域人员参与就业，安置了不少贫困户人员，以切实的举措助力"就业扶贫"。他们还整合需求、搭建平台，努力完善就业扶贫的服务体系。具体而言，即鑫苑服务结合自身业务发展需求、贫困地区群众意愿，联动主、辅业公司及合作单位等，梳理出上千条岗位需求信息，为安排贫困地区人员就业搭建招聘平台。此外，他们优先安排劳动能力弱、无外出

"消费扶贫"专项行动从这里出发

助农集市上，尝一尝"扶贫产品"的滋味

务工人员或无收入来源的搬迁对象，让他们从事保安、保洁、水电维修等工作，同时提供"培训——就业"一整套上岗服务，为贫困人员度过就业适应期提供稳定的支持，有效解决了他们的就业问题和生活难题。

截至目前，公司已培训就业的贫困人口达2000余人。

积极探索"三多"扶贫路

鑫苑服务致力于"践行公益"，表现在多个层面。

无论是在企业层面积极实践，还是在探索社区公益创新模式方面，他们探索了让公益行动走出企业、走出社区发挥更大的影响力的"三多"扶贫新道路。

一多，是指"创新多元服务体系"。他们积极参与各级协会与贫困地区联系沟通，大力引进、销售当地优质产品，完善"企业+贫困农户"运作模式，多渠道强化信息共享，有效配置社会与地区两套资源。同时，致力于调动社会、企业等各方面的积极性，整合力量，突破重点，抓住关键，相互配合。

二多，是指"多渠道宣传，加大扶贫力度"。他们坚持内外联动，加强消费扶贫宣传推介。包括向全员发出消费扶贫倡议书，并通过社区集市活动、社区娱乐活动等推广，推动形成"人人参与消费扶贫、人人宣传消费扶贫"的良好氛围；也包括对外积极宣传推介，运用线上电商平台、公众平台、APP等发布公益广告和海报，推介特色农产品，助力消费扶贫。2020年直播红火，鑫苑服务迎机遇而上，在直播平台积极推荐扶贫产品，销量可观。

三多，是指"战疫"与"战贫"多头并进。今年年初，当新冠肺炎疫情来袭，鑫苑服务致力于全国范围的资源储备、调配，大年初二就将一次性医用口罩通过总部向全国项目配送，同时通过区域联动，保证了现场员工口罩、防护服、护目镜、消毒液、医用酒精等物资供应。他们向业主免费发放一次性医用口罩4.5万只，向武汉物业同行捐赠一次性医用口罩1万只。同时，随着大家居家隔离的时间延长，业主生活必需品的需求量逐步上升，鑫苑服务借助自己的线上商城小鑫优选，联系蔬菜、米、面、粮油、水果等供应商，尤其是贫困农户的农产品，采取线上下单，物业直接配送到各小区的方式为业主服务。对于社区内孤寡老人，则由物业服务人员免费发放蔬菜、水果等农产品。这样，既保证了业主的日常生活需求，也帮助贫困农户增加收益。

"以爱为本，服务社会"。怀着这样的理念，鑫苑服务不断成长壮大。与此同时，他们时刻牢记初心和使命，将社会责任与自身发展相融合，积极贯彻十九大精神，在新形势下主动出击，携手各方，探索互利共赢发展模式，创造最大价值以回馈社会。

鑫苑服务爱心帮扶东兴小学

科技赋能，助力打赢扶贫攻坚战
记合生活科技集团总裁夏冠明

文 | 萧林

深圳是中国物业管理行业的发源地，内地第一家物业管理公司于 1981 年 3 月诞生于此；深圳也是 40 年来物业管理行业发展的"见证者"。2020 年 12 月，这座生机焕发的城市再次见证了一场"物业人"的头脑风暴。一批行业翘楚济济一堂，围绕"商业模式与良性发展"主题热烈地对话，对物企在商业模式探索、企业转型升级等过程中出现的"痛点"作了深入研讨。而合生活科技集团作为"2020 中国物业服务 TOP14 强"，其集团总裁夏冠明受邀出席，并在题为"商业模式道与术"的思想峰会上，对合生活在社区商业经营，特别在以科技和运营"双核驱动"为发展的商业逻辑顶层建设方面所获经验进行了详细阐述。他的介绍令与会者耳目一新。

而吸引我们报道夏冠明的，也正是他们运用科技赋能，助力打赢扶贫攻坚战。

有别于传统物业管理的新锐

何为科技赋能？从夏冠明对公司的定位便能看出他们的"与众不同"。

夏冠明认为，合生活是一家在社区经济赛道中发展的科技型互联网企业，也是公司商业的顶层设计。细究之下，我的确看出他们与传统物业管理企业的"差别"。譬如，在业务结构比例中，许多物业管理企业的"物业管理费"收入和多种经营比例平均为 8:2，合生活 2020 年这一数据比例为 5:5，以后还将倒过来，走向 2:8。在 2020 年上半年，合生活的经营数据引人注目的是，ARPU 值远超行业平均值，线上累计完成 260 万单，客户转化率超过部分互联网大鳄。这些都得益于他们的两个核心能力：一是科技赋能之能力，社区生态运营依托智慧科技的支撑。目前大多数物

夏冠明
合生活科技集团总裁

业管理企业的核心仍是"减员增效",而合生活科技赋能的点是在后续的资本的变现;二是运营赋能之能力,以生态思维取代产品思维。他们将业主设定在生活场景内,通过私域流量的打造,在社区里做出一个小生态,在周边做出一个大生态,在这生态里增加业主新的生活、消费、物业运营的内容,并通过"蚂蚁雄兵""社区智能V-mall""社区前置仓""社区合伙人制度""T+0结算系统""社群营销体系"等一系列创新商业模式,打通线上线下生态圈。

合生活已经跳脱行业惯性思维之束缚,重新定义了目标客群,针对不同类型客户制定不同的解决方案,这是合生活发展速度有别于传统物业管理企业的重要原因。普通物业公司的客户端主要是C端,主要收入来源于业主,而合生活的客户群被开掘出C端、B端、P端、G端以及金融端,等等。未来,合生活将在社区经济这个庞大的市场中,为各端口提供对应的服务,帮助物企、政府及社区上下游产业链企业等解决运营及科技上的痛点,并建立生态共融体系,链接多领域优质资源,构建一个多方共赢的社区生态圈。

夏冠明认为,数据化时代,社区商业的最大价值不是商业本身,不是这个月比上个月多卖出几件商品等等,而是依据商业沉淀人和行为的大数据所产生的其他商业价值。这听起来挺"高级",倡导了"高科技"与"日常运营"有机融合的新思想,当然,他们也正处于不断探索的过程中。据了解,2019年年底,夏冠明带领团队完成了对合生活商业模式重构,提出了"合生活智慧社区生态圈"概念,即通过"科技、生活服务、熟人社区圈层"三方面为业主提供更加精准、便捷、智能化的服务,实现社区生态链的共建、共造、共享。未来,合生活仍以成为"国际领先的科技生态运营商"为目标,不断前行。

利用社区资源与电商力量,争当扶贫中坚

当合生活将"科技赋能"和"运营赋能"作为企业发展双核驱动力,在现代物业管理服务新路上飞奔时，作为一家具有强烈社会责任感的企业，他们的"业绩"也是出众的。他们以高度的责任担当，致力于推动扶贫事业的发展，因而于2019年当选为"中国社区扶贫联盟理事单位"。

据了解，合生活在贯彻落实党的十九大精准扶贫战略过程中，找到了一个工作"抓手"，即积极响应中国物业管理协会有关扶贫的号召，深度参与"社区的力量"消费扶贫攻坚战专项行动，利用社区资源与电商力量，投身乡村振兴建设，争当精准扶贫中坚力量。

疫情期间，合生活科技集团周密地布防布控，深得广大业主和社会各界的肯定。而随着疫情形势的好转，全国各地工作重点逐渐从防疫转移到经济复苏上来，他们也不失时机组织和推广消费扶贫。值得一说的是，2020年3月，合生活科技集团联合中国扶贫志愿服务促进会及中国社区扶贫联盟，共同发起"暖心助农"消费扶贫行动。他们还结合扶贫行动，推出了"一周一地，精准扶贫"系列活动，切实落实"每周帮扶一个贫困地区，解决贫困地区因疫情导致的农产品滞销问题"。

合生活科技集团充分发挥自身线上平台优势和社区资源优势，发动全国近百个在管项目，对滞销农产品进行宣传推广，将公益助农与线上平台、社区服务高度融合，拓展贫困地区农产品销售的新途径。

在扶贫行动开展以来，一大波来自贫困地区的特色农产品端上了社区业主们的餐桌。海南的芒果、腾格里沙漠的西红柿、甘肃的苹果、赣南的红蜜薯……在社区业主的日常消费中，消费扶贫成了一道亮丽的风景。

一份青稞产品，给西藏小朋友一个希望

2020年，中国物业管理协会、中国社会扶贫网、中国社区扶贫联盟、易居乐农联手发起社区的力量专项公益行动之"藏区青苗牵手计划"，旨在通过藏区原产地与城市社区的精准帮扶对接，实现青稞产品的长期可持续销售，解决贫困儿童生活困难、物质条件短缺等现实问题。这一"计划"也得到合生活的积极响应。

据了解，合生活科技集团已经参与认购了雪域高原6亩青稞田，帮扶6名藏区学生，解决他们一学年必要的生活物资和营养早餐。合生活科技集团也希冀通过活

▲ 无处不在的"社区力量"

▼ 精准扶贫，无异于雪中送炭

动，能给藏区的小朋友一件新衣服、一盒新文具，能给他们一把让梦想实现的钥匙。同时，也为社区住户提供一份来自雪域高原净土、散发绿色健康气息的"大美生活"。

合生活消费扶贫行动的第一阶段，初步成效比较显著。截至目前，合生活APP平台先后上线约100款农产品，已产生数千个订单，为贫困地区农民带来超十万元的收入。据悉，《人民日报》、北京卫视等多家知名媒体对合生活扶贫事迹作了宣传报道，赢得纷纷点赞！

公益以善为根，而"善"是每个人及每家企业的初心，也是人类精神世界最大的文明之根。合生活总裁夏冠明曾表示：合生活参与扶贫公益等活动，不是作秀给别人看的，而是切实要满足三个"需要"，即国家的需要、贫困农民的需要和参与者成就感的需要。未来，合生活会持续参与扶贫事业，帮助贫困地区脱贫致富，以"为中国万千家庭提供健康丰盈的生活"为己任。他还表示，合生活是一家快速发展的科技型集团公司，而科技是人类智慧的结晶，它与公益的碰撞，一定会给社会带来照亮人类前进步伐的光辉。

IV

　　贫困地区的特色农作物,从种植、加工、仓储、物流到进入商店,在这样的产业及消费链上,成败之关键在于"最后一公里"能否发动和组织"社区的力量"。中国物业管理协会、中国扶贫志愿服务促进会以及中国社区扶贫联盟有效地动员了全国成千上万个社区,数以千万计的家庭和单位,在全国脱贫攻坚战的收官之年,发起了一场轰轰烈烈的社区消费扶贫专项行动,其意义不仅仅在于助力深贫地区农产品销售,而且通过这样一场遍布全国大中城市的活动,有力地营造了全民参与脱贫攻坚战的良好社会氛围。

社区扶贫也需"精准"策划

访上海中建东孚物业董事长李青

文 | 董福

前不久,上海中建东孚物业管理有限公司抗疫情景剧首演暨公司成立十周年纪念活动在沪举行。在现场,沙画《东孚物业发展历程》、领导嘉宾致辞、企业形象片、公司员工自演的抗疫情景剧《平凡的守护》、"同孚者"颁奖、东孚物业"幸福书斋"以及"社区的力量扶贫行动"揭牌⋯⋯这些犹如山间的清泉,让与会者心田倍感温暖和欢畅。

而笔者从一幕幕生动场景里,仿佛看到一个"身影",那就是中建东孚物业,它像一个胸怀壮志的翩翩少年,所走过的十年创业路,每一步都迈得坚实有力。活动当天,中建东孚物业的发展历程上又增添一笔浓墨重彩——他们正式获颁"中国社区扶贫联盟理事单位"。

东孚物业董事长李青表示,"我们首批认购 12 亩青稞基地,我认为这是一个非常良好的开始,后续东孚物业将持续动员员工、业主参与'社区的力量'扶贫行动。"

一份新鲜力量加入扶贫

2020 年 4 月,中国物业管理协会、中国社会扶贫网联合下发《关于开展"社区的力量——藏区青苗牵手计划"专项扶贫行动的通知》,发动全国物业服务企业参与对"三区三州"的藏区扶贫产品青稞开展专项扶贫行动。响应者此起彼伏,截至 9 月 20 日,"藏区青苗牵手计划"已经累计签约认购青稞基地 1028 亩,助力藏区青稞产品销售 699 万元,牵手帮扶 881 名藏区儿童共同成长。即便如此,火热的认购活动仍在持续进行中。

李 青
上海中建东孚物业管理有限公司董事长

正是在这个"档口","藏区青苗牵手计划"迎来了一个上海小伙伴——中建东孚物业管理有限公司。时逢他们公司创建十周年之际,机不可失啊。

李青董事长认为,公司"十岁"之际能搭上"藏区青苗牵手计划"2020年最后一批青稞集中认购的扶贫快车这一体现社会责任感的活动,对东孚物业来说意义重大。她还表示:"这是一个很好的机会,我们邀请了业主代表、员工、兄弟单位、合作伙伴及媒体参与,对扶贫活动本身及宣传来说,开了个好头。"

社区扶贫需要有创新、有故事

"参与此次'社区的力量'消费扶贫,有什么不一样的感受?"我问。

"感受很不一样的,"李青兴味盎然,并透露,"我以前也是媒体从业者。我认为做好当下社区扶贫工作,需要有创新,要讲好故事,不能一成不变。社区扶贫也要'精准'策划。"

李青觉得,此次参与中物协专项扶贫"受到了一些启发,也是感同身受"。

"以前我们组织员工捐款捐物,开展诸如慈心一日捐等活动,在社区设置'大熊猫'储物桶,有爱心的员工、业主也都会踊跃参与,或者顺手将不合用的衣物投入'大熊猫'……这原本也很好,有爱心、有情怀,"说到这里,李青停顿了下,若有所思,"社区扶贫工作要做到位,仅仅依靠爱心和情怀,远远不够。"

话题再次回到此次"藏区青苗牵手计划"。李青表示:"这本身是一个很好的案例。共享经济时代,聊什么话题,都离不开共享这个关键词。精准扶贫除了本身的定义,我认为还包含对捐助者和受助者双方真正需求的精准把握,扶贫不应该是单向行为。"

通过和李青交谈得知,在此之前,中建东孚物业便积极响应"社区的力量"专项扶贫行动号召,广泛宣传,组织员工、业主在推荐渠道购买助农产品累计20余万元,并通过自身"同孚务"社区商城APP,主动寻求合作,上架宣传有关产品,拓宽销售渠道。

接下来，李青向我介绍了中建东孚物业社区扶贫工作的发展轨迹。

探索社区扶贫创新模式

2020 年是脱贫攻坚战的收官之年。中建东孚物业在脱贫攻坚战中持续发力，借助中建八局和东孚公司平台资源，充分发挥服务末端直面业主的优势，整合资源，扶贫工作向所服务的多个区域辐射展开，积极践行央企社会责任，不断探索社区创新扶贫、公益模式，形成了"筑福行动""党建联建互助"、东孚社区"老年大学""幸福书斋"等众多有策划、有故事、有影响力的精准扶贫和公益活动"名片"。

中建东孚物业始终关注弱势群体，服务留守儿童。在李青主持策划下，东孚公司 2013 年启动"筑福行动"扶贫公益项目，每年持续开展各项特色活动："书送幸福"为安徽省金寨县汤家汇中心小学捐建了当地第一个现代化图书阅览室；"书香绘心"志愿者服务活动，为学校美化校园环境，并捐赠了千余册精美画本；"画筑梦想"学生绘画公益拍卖活动，筹集捐助款项近 7 万元；不定期开展党建联建活动，向学校捐赠了图书、电视、电脑等物资，为学生发放了奖励资助，50 余名公司志愿者与贫困学生建立了结对关系……

在公司成立十周年之际，中建东孚物业感恩社会、回馈业主，在所服务的社区相继落地十余所"幸福书斋"，购买、筹集图书三万余册，并免费开放"四点半课堂""老年大学"等服务项目，关注儿童教育成长和老人晚年生活。

未来，中建东孚物业将持续优化现有扶贫、公益模式，不断探索尝试、大胆创新，因地制宜开展扶贫工作，陆续加入特色旅游开发、农村电子商务等形式，让社区精准扶贫工作更为有效，走出一条有东孚物业社区特色的精准扶贫之路。

李青表示，借助中建八局、中建东孚公司大优势平台，中建东孚物业社区扶贫工作必将是——"广阔天地，大有作为"！

问：您认为互联网时代，新媒体与产业结合，在扶贫开发中发挥了哪些作用？

答：我认为应该从两个层面理解这个问题。一是战略层面。通过目前信息化的建设成就和取得的成功，快速渗透至贫困县、乡、村，使得贫困人员树立信息化战

▲ "筑福行动"点燃明日希望
▼ 获中国社区扶贫联盟理事单位授牌

略意识，以及信息化应用实施方案，阶段性培训，形成种子用户并起到带头推广作用。二是战术层面。这个就太多了，比如通过电子商务，带动贫困地区的特产、农作物的线上销售；通过在线教育、远程课堂，为贫困地区的儿童提供优质的教育课程；通过信息门户，扩大宣传贫困地区的扶持政策，让更多的人注意到这里，投资、开发并带动就业；通过在线直播等形式，让贫困地区的人了解我们，同时，也让我们更了解贫困地区的人们，在彼此了解的过程中，发现商机，取得脱贫机会等等。比如这次开展的"藏区青苗计划"，就是一个典型案例。

问：您认为企业应如何更好地参与脱贫攻坚工作？履行企业责任？

答： 如何让企业的扶贫工作可持续、良性开展，我认为关键是要发挥自身优势，将扶贫与企业主营业务相结合。过去，企业参与扶贫最直接、最有效的方式无外乎捐款捐物。未来，应该结合自身优势和特点，开展更多形式多样的扶贫活动。例如：从事教育方面的企业组织教师下基层为贫困学生进行培训、辅导，医院开展义诊医疗，互联网企业开展免费线上课程培训，物业企业开展社区消费扶贫等等。这些不仅增强了企业对扶贫工作的参与感和认同感，同时也有利于针对扶贫对象的具体需求对症下药。

单纯地、一味地捐款捐物，只靠"情怀"，扶贫工作是无法持续的。更严重的是，在信息不对称的情况下，还可能导致社会资源在一定程度上的浪费。

从精准扶贫迈向长效扶贫

记深圳市天健城市服务有限公司

文 | 田间

城市是什么？人们从地理学、经济学、政治学、社会学等各个角度做出的阐述可能各不相同。但共同点是，城市与人密切相关。对于城市的讨论，都指向以人为中心，城市应当尽可能满足人对美好生活的需求。拥有近30年物业管理经验的深圳市天健城市服务有限公司（下简称"天健城市服务"），站在行业发展的前沿，在深刻理解城市生态和城市服务的基础上，以创新驱动发展，成为令人尊敬的城市服务商。他们不仅积极打造"文明·自治"管理模式、"阳光共管模式"、城市公共服务以及"蜜生活"生态圈互联网平台四大服务特色，而且时刻不忘社会责任，在参与脱贫攻坚战中发挥了自己的力量，显示了一个企业的情怀和责任。

国企担当，探索集成化模式

天健城市服务是深圳市最早的市属国营物业公司之一，成立于1991年。可以说，它是中国物业兴起和发展的亲历者与见证者。它是中国物业管理协会理事单位，具有国家物业管理一级资质。他们以创新驱动发展，积极从传统的物业管理模式转型为"一体两翼"的集成化商业模式，在华南、华北、华东、华中、西南等五大片区24个大中城市成立区域公司和分公司，主营业务涵盖物业服务、商业运营、城市服务、智能楼宇、园林工程以及"蜜生活"社区O2O服务六大板块。企业深谙业主需求，秉持"让生活更具品质"的愿景，构筑了强大的服务能力和品牌实力。

2020年，天健城市服务位列深圳市物业服务企业五十强第13位、全国物业服务企业500强第43位，获"2020年全国物业服务企业品牌价值100强""广东省守合同

杨益涛

深圳市天健城市服务有限公司董事长、党支部书记

重信用企业""深圳市业主满意度深圳指数（抽样单位）领先30企业"等；2020年又斩获"深圳知名名牌"、"深圳标准认证"荣誉称号。

  2020年春节，当新冠肺炎疫情肆虐全球，物业成为当之无愧的"抗疫一线"工作者。天健城市服务彰显国企担当，突破阻力，迎难而上，数千员工不眠不休、恪尽职守，为业主筑起一道牢固的社区防线，在管项目和员工无一感染病例，抗疫成果赢得政府和业主的广泛好评。

精准施策,辟建万亩茶园

当党中央、国务院提出精准扶贫政策并发出消费助农的号召时,天健城市服务积极履行作为国企应有的社会责任。他们高度认同——积极探索多种扶贫形式帮助贫困地区培养自身的"造血能力",实现长效扶贫,是具有深远意义的。他们也在思考,如何通过精准扶贫、产业扶贫、教育扶贫、消费扶贫等,从根子上为改变贫困地区的面貌做出贡献。

早在扶贫初期,天健城市服务就与总公司天健集团一起,采取精准帮扶措施,与河源市龙川县新龙村形成"结对帮扶"关系。他们深入乡间实地调查,走村串户,了解其生产现状和传统优势,从而为当地贫困户量身制定了一个扎扎实实的"脱贫计划",即:通过改造一片荒地,建设万亩茶山,推进万亩油茶基地种植、品牌打造、立体销售的路径。

通过修缮茶山路、对口帮扶新龙村养鱼基地、利用电商平台把村民"良心腐竹"销往城市的千家万户等方式,他们让贫困户实现可支配收入结余,生活水平有了显著提高。

2017年1月,他们继续深入探索"产业扶贫",协助当地村集体创建了龙川县龙健农业发展有限公司,并为企业注册了"龙福川"商标,对山茶油包装进行全面升级……从而构建了产品种植、生产、品牌营销、供应链、销售环节等可持续盈利发展的模式。

参与消费扶贫,助力"劳动脱贫"

2019年,中国物业管理协会联手中国社区扶贫联盟等发出《关于开展"社区的力量"消费扶贫攻坚战专项行动的通知》,号召全国物业企业发挥社区的力量加入到消费扶贫的战役中。天健城市服务"第一时间"积极响应,发动管辖的社区业主与公司员工立即投身于消费扶贫,通过购买贫困地区农产品销售,"以买代捐"的方式助力贫困地区增收脱贫。

尝尝远方的美味　　　　　　　　　　　　　　你我都参与，形成"爱心消费力"

天健城市服务有一个自主开发建设的"蜜乐购商城"，他们在这座线上商城的货架上展示了来自扶贫专区的土特产品，而且定期进行更新。与此同时，他们采取丰富多彩、生动有趣的宣传手段，鼓励业主与公司员工积极参加"扶贫消费"，助力拓宽贫困县域农产品销售渠道。产品上线至今，该平台扶贫专区上线商品达200余种，销售金额逾15万元。

在2019年11月至12份期间，中国社区扶贫联盟联合天健城市服务举行了"凝聚社区力量 助力精准扶贫"的社区推广活动，在社区里与业主面对面，进行扶贫助农产品的试吃和销售，通过线下设摊、集市等方式直接向业主介绍"社区的力量"消费扶贫的意义，引导业主在手机软件上进行下单购买，很快，形成了一股强大的"爱心消费力"，也使得扶贫助农形成了市场化、可持续开始的机制，帮助千里之外的农户实现了"劳动致富""劳动脱贫"。

此举也获得了城市业主的一致好评。他们认识到，"消费扶贫"不同于传统的捐款捐物，而是创新性帮扶增收，通过城市社区"以买代捐"，既满足了市场需求，又解决农产品销路问题，形成市场良性循环，使得"授人以渔"的精准扶贫深入人心。他们也非常乐意参与这样的公益，践行扶贫不光要"输血"，更要"造血"的现代理念。

心系雪域高原，帮扶西藏儿童

习近平主席在《在中央经济工作会议上的讲话》上表示：抓好教育是扶贫开发的根本大计，不要让孩子输在起跑线上，尽力阻断贫困代际传递。

天健城市服务领导深刻学习领会这一精神。他们也认同，教育扶贫是阻隔贫困代际传递的最有效手段，唯有切实提高贫困地区孩子的教育素质，培养他们以专业知识和技能去改变家乡的面貌和自己的命运。因此，2020年年初，当中国物业管理协会、中国社区扶贫联盟及相关单位联手举办"社区的力量——藏区青苗牵手计划"专项扶贫行动时，他们意识到这是"教育扶贫"行之有效的手段之一。为此，他们也积极参与认领藏区青稞种植基地，志在以陪伴西藏儿童共同成长的创新扶贫方式，支持西藏青稞产业获得可持续发展。"此举将企业、社区与精准扶贫三方连接起来，在实现消费扶贫的同时，切实让藏区儿童受到完整教育"。

涓涓细流，汇集入海。天健城市服务通过积极筹资，已经认领两亩青稞地，以此帮扶雪域高原的两名困难儿童，希望以自己的热诚，切实帮助他们健康快乐地成长。

长效扶贫，是我们共同的责任

"贫困之冰，非一日之寒；破冰之功，非一春之暖。"

天健城市服务负责人认为，脱贫攻坚是国家发展大计，也是企业的职责所在，更是全面建成小康社会、实现共同富裕的必要路径。过去，我们的帮扶更多是资助，现在更需要从精准扶贫再到长效扶贫，探索一条符合中国国情的农村扶贫开发道路，这也是为人类脱贫事业做出贡献。作为一家资深的国有企业，天健城市服务将一如既往地履行社会责任，积极发掘"物业服务"身处消费扶贫"最后一公里"的优势，在消费扶贫道路上发挥平台的集成作用，凝结企业与社区的力量，搭建贫困地区与消费市场的连接桥梁，为建设美丽中国而不懈地努力。

爱心牵手 公益乐行

记恒辉物业积极投身脱贫攻坚战二三事

文 | 辉辉

恒辉物业，是全国知名的物业服务管理企业，也是中国以"社区的力量"组织消费扶贫活动的行业排头兵。近两年来，在脱贫攻坚的关键时刻，他们积极投身"消费扶贫"创新活动，取得了引人瞩目的成绩，因而被授予"中国社区扶贫联盟理事单位"，并荣获全国"社区的力量"消费扶贫企业贡献奖。

精准帮扶，合力践行

恒辉物业始创于2001年。他们是石家庄十大物业品牌之一，也是获批国家一级资质的物业服务企业。近20年来，他们始终坚持"品质为首，创新赋能"的发展战略，以"客户至上、情系恒辉"为宗旨，致力于构筑先进的物业服务生态，在一应云智慧平台、设施设备运维系统、水电分析系统、远程监控中心、400呼叫中心科技化运行基础上，创出了先进的服务品质，也打造了专属恒辉业主的社区文化，因而受到业主的信任和赞誉。同样，在参与"消费扶贫"过程中，他们也表现出自己的社会责任和情怀，由此进一步赢得业主的信赖。

2018年4月，一应云联盟组织联盟企业助力由东方卫视、易居中国、新浪微博联合出品的全国首档精准扶贫公益纪实节目《我们在行动》。彼时，恒辉物业就作为联盟伙伴，积极参与其中。他们一起去河北丰宁十七道沟村，与东方卫视著名主持人陈蓉、公益大使王宝强、潘石屹、郭碧婷共同助力十七道沟村精准扶贫活动，为乡民们传递一份来自恒辉物业的温暖。

也是4月，春风吹拂。恒辉社区精准扶贫"丰阜康宁，我们在行动"启动大会

"公益订货会"现场

在石家庄玉龙小区隆重举行,恒辉物业精准扶贫系列活动由此拉开了序幕。随后,来自贫困地区的农产品陆续进入恒辉的各个社区。由于宣传到位,更多业主了解了精准扶贫的意义,参与者变得越来越踊跃。

5月16日,《我们在行动》脱贫攻坚践行者颁奖典礼在北京举行。颁奖盛典上,恒辉物业获得"扶贫助农先进集体"和"脱贫攻坚践行者"称号。

2018年,恒辉物业通过乐居中国、一应青藤多次采买贫困县农副产品10万余元,不仅满足了自己的生活需求,又帮扶贫困地区人民脱贫,一举两得。

扶贫启动,温暖人心

当日历翻到2019年,来自恒辉物业的暖流依然源源不断地流淌。

这一年,为贯彻落实党中央、国务院关于打赢脱贫攻坚战的决策部署,中国物业管理协会、中国扶贫志愿服务促进会、中国社会扶贫网、易居中国联合主办了"社区的力量"消费扶贫攻坚战专项行动。恒辉物业热烈响应国家倡导、行业号召,积极推动消费扶贫专项行动在恒辉服务的社区落地,借助城市社区的渠道资源,实现贫困地区优质的农产品从产地直接送至社区业主的餐桌。

2019年8月,在石家庄市的星河盛世,恒辉物业"社区的力量"消费扶贫助农市集启动会隆重举行。那天,各路领导和代表云集一堂,现场十分热闹。伴随着精

▲ "凝聚社区力量 助力精准扶贫"邯郸香榭花都活动现场

▼ 感同身受,真诚助人

彩的萨克斯表演，人们通过思想激荡和农产品品尝，提高了对"以买代捐"的认识，纷纷表示愿意投身行动，为国家、社会的和谐发展尽一份力量。

恒辉物业人在市集启动会上热情洋溢地发表倡议：要做消费扶贫的倡导者，积极行动起来，参与到消费扶贫的队伍中；要做消费扶贫的践行者，在日常消费中优先选购贫困户农产品。共同推动并逐步形成"人人参与消费扶贫，人人支持消费扶贫，人人宣传消费扶贫"的良好社会氛围。

启动会现场，各类农产品让业主们眼睛一亮。原来，"足不出户"，在手机软件上动动手指，就可以体验到多个原产地直发的优质农产品，并对那里的产品品种、品质有了非常直观的认识，从而转化为消费行为，在消费中帮助困难家庭实现脱贫致富。此次启动会成功举办后，恒辉物业还利用海报、微信等方式继续扩大宣传渠道，加大宣传动员力度，让更多人参与行动，贡献"恒辉社区的力量"。

助农公益，一同发力

这一年11月，恒辉物业在石家庄、衡水、邯郸、保定、北京五市16个小区先后开展"凝聚社区力量，助力精准扶贫"落地活动。以丰富多彩的服务样式践行消费助农，针对上万户业主开展富平县、代县十多种特色农产品进入社区的"试吃"，让更多业主在愉快体验的过程中成为消费助农大军的一员。

> 在落地活动的现场，脆甜的玻梨、热气腾腾的蜜薯、一杯温热的土蜂蜜水，一壶刚沏的酸枣叶茶……令人兴趣盎然。而客服员一边耐心地讲解消费扶贫一举多得的现实意义，一边还热情地递给业主们试吃试喝。初冬的寒风里，恒辉物业人的一片热忱，不仅温暖了现场业主，也温暖了千里之外贫困县农民的心。

"扶贫不仅是国家的大事，也是需要每一个人付诸行动的日常事。扶贫助农我们肯定要参与进来的。"北京美丽园业主的一番话，道出了众多业主心声。

身体力行，用心构筑

恒辉物业响应国家倡导、行业号召，积极助力消费扶贫，从数据上也可见一斑。为了切实帮助民富县脱贫致富，2019年12月，恒辉物业一次性认购10余万元沙漠贝贝板栗南瓜，惠及许多贫困家庭，改善了他们的生活。

为积极参与河北省物业管理行业协会组织的扶贫助残活动，以及响应河北省民政厅为落实省委赵一德副书记关于"要充分调动社会各界积极性，加大消费扶贫力度，带动贫困群众稳定脱贫致富"的工作要求，2020年8月，恒辉物业组织开展了"爱心牵手·公益乐行——我在村里有块地"扶贫助残活动。

这也是恒辉物业人在公司创建19周年庆之际，做出的又一奉献。

那天，恒辉物业各分公司、子公司，各大区共计30多位代表加入这场爱心活动，奔赴行唐县昊腾残疾人"双创园"，去做一件有意义的事——献一份爱心。

原来，行唐县昊腾残疾人"双创园"是由行唐县残联携手河北如军科技有限公司，依托原行唐县第二民政事业服务中心，通过"政府+企业+贫困户+残疾人"模式，所打造的一个综合型园区。其不同寻常处在于，通过创建残疾人职业康复方式，共同打造集贫困户、残疾人就业创业和残疾人康复服务于一体的场域。

"双创园"的朋友们有的听不到声音，有的行动不便，有的看不见这个世界，但他们坚持用双手创造自己的幸福生活，也感受到来自恒辉物业的阳光。

"我在村里有块地"社会扶贫项目，是通过政府有形之手、市场无形之手、社会援助之手、残疾人勤劳之手同向发力的理念，拓展出的一种创新公益服务方式，也强化了消费扶贫、产业扶贫的新路径。恒辉物业积极响应国家政策，自愿认购其中的5亩地，切实帮助部分贫困家庭走出困境。

由此可见，恒辉物业不单单是一家物业服务企业，也是充满温度的社会公益组织。他们怀着大爱情怀和公益之心，将消费助农与社区服务有机融合，通过线上、线下多种形式的活动，聚合社区的点滴力量。

凝聚力量，让爱延续。恒辉物业表示，将坚守初心，通过恒辉"心链心"四大品牌活动——爱心永恒·大爱之心，继续帮扶更多有需要的人群，以实际行动响应党中央号召，积极履行社会责任，帮扶特殊群体脱贫不返贫，为打赢脱贫攻坚战贡献力量。

"扶贫是人生中必须要认真做的事"

访深圳市深华物业集团有限公司副总经理刘辉

文 | 段凤英

"一方有难,八方支援"。"赠人玫瑰,手留余香"。谈起在"社区消费扶贫"上的突出贡献,刘辉再三表示,这是刻在我们每个中华民族同胞骨子里的美德,每个人都在为此努力。在他看来,这是再正常不过的事情。

接受我的采访时,现任深圳市深华物业集团有限公司(以下简称"深华物业")董事、副总经理、党总支副书记兼驻外支部书记的刘辉,还在辗转出席中国物业管理协会召开的会议等多场会议。做事高效、沟通顺畅是他留给我的第一印象,也是他与他的团队之所以能在物业管理服务工作上屡获佳绩的原因。

从开始参加工作,刘辉就一头扎进物业管理行业,这一干就是30多年。其间,他见证了物业行业的发展,也见证了深华物业的成长。从物业最基层岗位干起,历任主管、主任助理、副部长、部长、总经理助理、副总经理等职,刘辉几乎历经了物业公司的所有工作岗位。如今,他主要分管集团特区外各分公司与管理处(服务中心),分管着50多家分公司,180多个项目,管理面积达3000多万平方米,其中住宅项目65个。在公司的扶贫方面,他主要负责对外联系和协调安排内部工作,对外联系对象包括中物协和深物协以及两个协会所创办的杂志社、罗湖区非公党委、罗湖区工商联等单位。

刘辉介绍,为深入贯彻落实2020年底彻底消灭贫困的政策目标,打赢扶贫攻坚战,深华物业集团高度重视,董事长、总经理沈四光亲自部署,多次参与河源、江西、贵州、云南等地区的扶贫工作。2019年4月,中物协发出《关于开展"社区的力量"消费扶贫攻坚战专项行动的通知》后,他们又以党建引领,由党总支组织,

刘 辉
深圳市深华物业集团有限公司副总经理

集团工会委员专门负责,积极参与了这项消费扶贫攻坚战专项行动。"带一斤回家",是此次专项行动的理念。和所有参与此次行动的物业单位一样,深华物业以打通贫困地区与所管社区"最后一公里"为着力点,通过号召社区业主上网消费来自贫困地区和贫困人口的产品与服务,帮助贫困人口增收脱贫。从制定方案到宣传发动,再到长期举办多种社区活动等,深华物业希望用这个最简单的行动,来帮扶那些贫困地区最需要帮助的人,为助力打赢脱贫攻坚战作出贡献,也由此实现企业的社会价值和社会责任。

"我们都是一家人"。在这样的企业服务理念下,这家成立将近30年的物业管理公司事实上从未停止以公益行动反哺社会的作为。提及2019年4月前后,公司在扶贫的内容和方式上的变化,刘辉感触颇深。他坦言,"社区的力量"消费扶贫攻坚战专项行动开始之前的扶贫,企业大多是以慈善捐赠的方式进行,响应政府号召,对需要帮扶的对象给予捐钱、捐物等"输血式"的扶贫。

而在2019年4月,"社区的力量"消费扶贫攻坚战专项行动开始后,一个崭新的扶贫新模式就此开启了。物业服务企业发挥自身能力与影响力,把千家万户的业主联系起来,通过宣传、发动,依靠社区、群众、社会的力量,"大家"都行动起来,而不是物业服务企业在单打独斗。这样一来,通过社区的资源优势拓展贫困地区产品销售渠道,利用互联网、物联网、大数据等新技术手段与平台,将贫困地区的产品和服务,在"乐农社"APP这样的绿色、公益消费平台以及中物协组织的专项扶贫活动中,以购代捐,以买代帮,既满足业主的生活需要,提升了生活品质,在消费的同时也做了公益。对于扶贫对象来说,他们通过劳动生产农产品,有的加工成其他用品,将产品置换成钱,让劳动点亮了未来的希望。如今,诸如"增强可持续发展的造血功能""'益'起扶贫助农""吃了就是扶贫"等宣传口号,早已深入人心。"我们社区的工作人员也经常网购红薯、南瓜、粉条、核桃、红枣、蜂蜜等农产品。"刘辉说。

授人以鱼不如授人以渔。若要总结其中的变化,这句话大抵最贴切。在长期深入参与扶贫工作后,刘辉明白,实际中的扶贫工作和想象中的扶贫工作是有很大差别的。而这种差别主要在于人的思想认识方面。他进一步解释:"想象中的扶贫是给予政策、资金、人才等方面的支持,更多的是捐赠慈善;实际的扶贫是除了政策、资金、人才等方面的支持外,要调整人的思想,这中间存在积极作为和不作为的差距。消费扶贫应是'扶贫不扶懒',要把习惯了'等靠要'的一群人,改变成要通过劳动获得劳动成果,通过劳动换取更多收入的人。"

深华物业也在积极实践着新的扶贫模式和思路上的转变。数据显示,2020年社区消费扶贫中,深华物业集团消费总斤数为2.06万斤,扶贫金额达10.39万元,在全国505家物业企业中排名前50位。这组可喜的数字背后,是一件件日积月累又让人暖心、下沉到实处的帮扶故事。众所周知,2020年是极为特殊的一年,突如其来的新冠肺炎疫情,为扶贫工作增添了重重困难,但所有人都没有放弃,社区消费扶贫依然在有条不紊地持续进行。刘辉真切地记得,在年初病毒最肆虐之时,深华物业工作人员始终坚守岗位,构筑起小区的第一道防线,呵护小区业主的健康。与此同时,精准扶贫、爱心捐款工作仍在持续。譬如,3月11日,深华物业通过深圳市慈善会定向捐赠给武汉市雷神山医院33万元。

2020年6月,深华物业参加了由中国社会扶贫网、中物协、中国社区扶贫联盟等机构承办的"藏区青苗牵手计划",在西藏日喀则江当乡的消费扶贫青稞基地认购了15亩青稞地,以102000元购买青稞产品的形式,解决当地青稞产品长期可持续产、供、销的问题。6月18日,深华物业协同全国各物协共15个物业企业、31位公益代表一同前往日喀则,为爱心企业认购的青稞基地树立起代表公益结对的扶贫牌。此外,他们还为"藏区青苗牵手计划"帮扶学校——西藏日喀则桑珠牧区纳尔乡中心小学送去了爱心青稞产品、爱心书籍和各式各样的文具用品,与西藏贫困地区的孩童们牵手相伴,实现对藏区贫困儿童的帮扶,将社区与藏区密切地连结在一起。

员工们带着"一方有难,八方支援"的一腔热血奋勇抗"疫",为消费扶贫助力的点滴,让刘辉每每提起都甚是感动。而他最大的感受是,扶贫工作带给每个参与其中的人的幸福感和快乐极易体会。"在党和政府的领导下,我们共奔小康的信心和决心更加坚定。助人为乐的美德激发了员工积极向上的工作热情,让大家更具有凝聚力、向心力。"刘辉表示,公司食堂近期做饭用的就是通过消费扶贫渠道购

▲ 和藏区帮扶学校小朋友在一起

▼ 深华物业社区扶贫

来的青稞米和面。每个人都参与其中，员工能真正体会到公司所承担的社会责任，更能体会到以购代捐、以买代帮这种消费扶贫所产生的社会效益，以及"赠人玫瑰，手留余香"行动所带给人们的幸福和快乐。

对于收效显著的消费扶贫行动，刘辉有自己更长远的思考和规划。

> 贫困县摘帽后，如何坚守和巩固脱贫攻坚成果，怎样拓展消费扶贫渠道等，都是摆在眼前亟需解决的问题。刘辉认为，消费扶贫行动是巩固脱贫攻坚成果的重要内容。而深圳作为改革开放的窗口，在建设粤港澳大湾区和中国特色社会主义先行示范区的"双区"优势下，要在巩固好消费扶贫成果的基础上，丰富新产品名目、产品渠道、销售形式、参与方式等，在改善业主生活品质，扎实推进与贫困地区共同富裕方面多做工作，不断提升群众的获得感、满足感、安全感，扩大"社区的力量"扶贫模式的影响力。作为扎根深圳的物业企业，这也是深华物业的目标。

那么，对于已在物业管理一行里摸爬滚打30余年的"老物业人"刘辉来说，他的新目标又是什么呢？"加强学习，不断提高自身综合素质，老老实实做人，认认真真做事。为业主实实在在干点事，让每一位业主都能感受到物业带来的幸福和美好！带领小伙伴们，为实现这一目标而努力工作。"他斩钉截铁如是说道。

问：社区消费扶贫中遇到的困难有哪些？

答： 业主对社区消费扶贫的理解和认识上存在较大的偏差。他们总将"乐农社"APP的产品与淘宝、拼多多的产品比较，缺乏对扶贫帮困及在消费中做公益的理解。遇到不理解的消费者或是服务业主，我们主要还是进行耐心解释和说服，讲政策讲意义，并通过举办一些消费扶贫社区活动，联系扶贫产品生产者现场讲解，或组织业主参观等活动来多宣传沟通。

问：如何让消费者认可如"一斤市集"、直播认购等扶贫消费方式？

答： 定期对消费扶贫国家政策进行宣传和引导，对消费扶贫产品认定进行公示，利用好"乐农社"APP等消费扶贫网络平台，为扶贫产品生产者、销售者、购买者提供信息发布、数据统计等服务。建立扶贫产品集中展示台，告诉大家通过查看"乐农社"就知道哪些产品是扶贫产品，以及我们身边有哪些专柜、专馆、专区，可以买到什么样的扶贫产品。另外，要加强监管，防止打着消费扶贫的旗号销售非扶贫产品或者是谋利、敛财等行为。

问： 你喜欢这一公益事业吗？

答： 扶贫这一公益事业，不存在喜欢不喜欢，而是在人生中必须要去认真做的事情。没有年龄段，也没有时间表，没有大或小，随时随地都可以，更多是尽一份责任和义务。

问： 疫情结束后，你最想做的事情是什么？

答： 习总书记讲过，我国社会不缺少扶贫济困的爱心和力量，缺少的是有效可信的平台和参与渠道。消费扶贫行动为社会参与搭建了有效渠道。疫情结束后，我最想做的事情是把社区消费扶贫抓好抓实抓细。除了利用好"乐农社"网络平台外，还要建设好社区智慧平台，开辟社区成员参与和搭建多元化的销售渠道。在社区进行广泛推介和宣传，对贫困地区的扶贫产品要帮助和指导性地进行消费。消费扶贫行动也是应对疫情灾情影响的有效方式，要总结经验，发扬推广。

从田间直通餐桌：
消费扶贫不再是简单的"施与受"

访北京国基伟业物业管理有限公司运营管理副总经理赵艳杰

文 | 阙政

如果问起和消费者联系最紧密的人，你会想起谁？——商家？厂家？物流？都没错，但如今还得加上：物业。

每家物业背后都有成百上千位业主，服务人群少则数千，多则上万甚至几十万。这些业主本身毫无疑问都是消费者，而近年来物业公司积极拓展产业链的举措，又将我们熟悉的小区也变成了一个"消费"场所。

走进位于河南郑州的"锦绣华北"小区物业服务中心，你会看到一个新奇的景象：小区居民前来缴纳物业费，或者办理其他业务时，会向工作人员询问，"下一次团购会什么时候开始？""这次会有新产品吗？"这样的问询已经成了业主们的习惯——使人不禁好奇：这里开了个小卖部吗？

这一切，是从2019年开始的。那年，各地物业公司响应中国物业管理协会号召，探索扶贫攻坚事业中"社区的力量"，组织工作人员赴贫困地区考察。北京国基伟业物业管理有限公司就是其中之一。公司运营管理副总经理兼北京区域总经理赵艳杰来到了河南省鹤壁市。这里距离河南省会郑州只有高铁半小时的距离，但当地农户靠天吃饭居多，地里丰收的红薯、小麦，想要卖出去变成现钱，销售途径和半个世纪前几乎没有差别：农户自个儿蹬着小三轮，前往周边镇子上摆个小摊，或者开着小车，一次拉上一车的红薯，行驶七八十公里，去到距离最近的市镇摆摊吆喝。由于路途遥远，农户们每次出发，一走就是好几天，等农产品卖完了回来，一路风尘仆仆，也挣不到多少钱。

赵艳杰
北京国基伟业物业管理有限公司
运营管理副总经理兼北京区域总经理

从河南考察回来，赵艳杰就开始为农户们的销路想办法。北京国基伟业物业管理有限公司麾下管理着不少办公楼宇和社区物业，北京有十多个小区，郑州也有五六个，业主人数加起来可真不少。现在的人都喜欢原生态的农产品，污染少，添加少，营养多，口感好。一边是优质农产品积压或滞销的农户，一边是对农产品很有需求的城里人，何不充当这二者之间的桥梁呢？

说干就干。赵艳杰挑选了郑州的"锦绣华北"小区进行试点："这个小区面积大约13万平方米，有500多户居民，人口结构以家庭型居多，白天业主通勤，家里的老人就会带着孩子到小区里活动。长期以来，我们物业和业主的互动都比较多，比方六一儿童节、九九重阳节，物业都会组织一些社区文化活动，因此和居民之间一直都很融洽。我们就想到，不如先在这里试着办一次'试吃会'吧！"

到了"试吃会"的当天，小区中心喷泉广场早已聚集起二三百位居民，而赵艳杰也为居民们准备好了从鹤壁精心挑选来的农产品：红薯、红薯干、土蜂蜜、香油……并由物业工作人员对产品进行详细讲解。"居民们品尝下来觉得味道不错，

北京国基向兰州联勤保障部队 940 医院捐赠防疫物资

比市场上的更新鲜，也更天然，就问我们哪里能买。物业方面准备好一份产品名录和价目表，想买的居民只需要在表格上勾选好自己想要的农产品，填好信息就可以了。我们物业收到反馈和订购信息之后，就会去直接和当地农户联系进货，等货到了小区，再通知居民们到物业服务中心来付费领取就行。整个过程当中，农户不需要离开当地，居民也不需要走出小区，物业完全可以充当起他们之间连接的桥梁。"赵艳杰介绍说。

初战告捷，"锦绣华北"小区的居民可能没有想到，在他们从物业服务中心购买农产品的简单操作中，已经达到了"消费扶贫"的成效。2019年，仅这一小区就为鹤壁贫困户实现了将近十万元的农产品销售。每一到两个月，物业管家就会在楼道公示栏张贴通知，在业主微信群里广而告之：哪些节令新产品又要进小区了。就这样，聚沙成塔。赵艳杰告诉我，2020年北京国基伟业物业管理有限公司已经在北京和郑州的数十个社区实现了将近100万元的销售额。

2020年初，在新冠疫情最严重的几个月，居民们采购日常食用的果蔬遇到麻烦，而农户那里又有许多新鲜果蔬因为无人采购烂在地里。但"锦绣华北"小区就没有这样的困境——农户的果蔬照常通过物流来到小区。物业为了避免人员聚集，亲自将农产品分包送上业主家门，将疫情对双方面的影响都降低了不少。

"除了业主直接在物业服务中心认购，我们公司内部还有自己的APP平台，特别分化出一个模块，供所有业主在线预订——不光是社区业主，写字楼的业主也积极参与进来。大家都觉得这不仅是消费行为，也是扶贫义举。"赵艳杰说。

这不是国基伟业第一次参与扶贫项目。作为一家肩负社会责任感的企业，国基伟业此前已在西藏日喀则市曲当小学建造了一个以"北京国基"命名的学生宿舍，并且负担了当地十多个儿童的学习费用，帮助他们的生活和学习。如今，国基伟业又趁热打铁，认购了15亩青稞田。和以往纯"施与受"关系的扶贫项目不同的是，这一次的青稞田，国基伟业还在旗下社区内发动业主一起认购。

"业主也可以捐助一部分钱款，作为回报，青稞田的每一季产品都会反馈给业主品尝。"在赵艳杰看来，"消费扶贫"是一种全新的扶贫方式，而它与以往扶贫项目最大的不同，就在于改变了传统扶贫的"施与受"模式，代之以一种更为双向的互动——参与扶贫的善心人士同时满足了自己的日常生活消费需求，而得到帮助的贫困户也能获得及时的市场反馈，从而调整自己的种植与生产，通过努力劳动获得相应的报酬。

就拿"锦绣华北"小区居民来说，如今他们会主动找到物业，希望物业能联系开发一些优质的"地理标志农产品"，比如河南温县的铁棍山药，就有很多居民前来问询。"带着这些消费者的需求，当我们再去到贫困乡村考察时，就能带着发现的眼光，去留意有没有符合消费者需求的农产品。我们希望更多发掘出业主单位的需求和诉求，再到各地区与当地政府、供销合作社、贫困户等达成合作关系，来丰富我们的产品种类。"

虽然参与"消费扶贫"只有短短数年，但赵艳杰已经感受到这个项目给公司带来的正向效应："社区消费扶贫这种方式，有利于我们物业服务企业进一步做好便民服务，同时也延长企业产业链，做好增值服务。对于我个人来说，我非常认同和

北京国基为特殊学校儿童奉献爱心

支持这种扶贫方式。作为民营企业,我们深入学习贯彻习近平总书记讲话精神,开拓奋进,大胆创新,发挥民营企业在脱贫攻坚中的重要作用。同时,参与到脱贫攻坚战,帮助贫困户实现精准脱贫,也是对我们的企业核心价值观'诚信胜于生命,责任重于泰山'的践行。我们应当履行作为民营企业的责任和义务。"

问:为业主挑选农产品时,物业怎样把好质量关?

答:我们会在品质上严把关口,尽力让产品做到可溯源,从生产、物流、仓储等方面进行跟踪记录,哪个批次的农产品,是从哪家农户的田间到哪家消费者的餐桌上,都记录得清清楚楚,保证每一批从田间到餐桌的轨迹清晰可溯源。

问:消费扶贫和从前的扶贫相比有什么优点?

答:社区消费扶贫主要目的是直接架起贫困户和消费者之间的沟通销售渠道。对贫困户来说,主要是帮助他们拓展销售渠道,快速拿到盈利资金;对消费者、我们的业主单位来说,则是可以直接买到物美质优的特色农产品,在价廉、质优、安全、绿色方面能够得到保障。

扶贫路上有我参与
天鸿宝地践行社会责任，
为扶贫事业贡献一份微薄之力

记北京天鸿宝地物业管理经营有限公司

文 | 田虹

今年4月，央视二套《经济半小时》讲述了一线物业人的"战疫"故事，北京天鸿宝地物业管理经营有限公司观景园小区项目经理丁传硕成了纪录片主角之一。

观景园不少业主收看了纪录片，纷纷表示：丁经理及其所在的天鸿宝地物业公司在抗疫期间尽心尽责，有求必应。尤其当业主"宅"在家里、缺少新鲜蔬菜的时候，物业公司及时帮助我们买菜送菜，无微不至……我们深深感到，物业人是我们"身边的守护者"！

彰显企业的"红色基因"

实施大规模的扶贫开发，使7亿农村贫困人口摆脱贫困，这是举世瞩目的伟大成就，谱写了人类历史上的辉煌篇章。2020年，是中国全面建成小康社会目标实现之年，也是全面打赢脱贫攻坚战收官之年。为深入贯彻落实党中央、国务院关于打赢脱贫攻坚战的总体部署和民政部"全国性社会组织参与脱贫攻坚再动员会"的有关要求，天鸿宝地结合自身实际，在做好本职工作的基础上，将践行社会责任，投身扶贫济困视作彰显企业"红色基因"所应有的责任和使命。自2019年起，他们就积极响应中国物业管理协会联合中国扶贫志愿促进会开展"社区的力量"消费扶贫攻坚战专项行动的号召，与第三方支持平台签订了"参战"协议，以团购、平台合作等形式，在线支持扶贫产品的销售。

天鸿宝地先后发动了83个社区业主和广大员工积极参与行动。他们所管辖的各个项目团队群情振奋，很快投身行动，纷纷以线上团购农副产品的方式，表达自己对国家脱贫攻坚战的支持，贡献自己的力量。与此同时，天鸿宝地还精心策划了一场题为"助力扶贫，乐享双节"的社区活动，在2019年圣诞节和2020元旦到来之际，在各个小区的主要出入口、单元门口等较明显位置张贴一份份醒目的海报，把在"乐农社"采购的近500箱苹果赠送给业主试吃。在得知苹果来自贫困地区后，业主纷纷表示，愿意参加这样的"人人皆可为"的公益活动，以自己的消费行为，为千山万水之外的农村种植户奉献一份爱心。

时间转至2020年。年初，一场来势汹汹的新冠肺炎疫情，导致许多地方封城、封路。一方面，原本因地处僻远、交通不便而难以运出农产品的农户，因疫情来袭，可谓雪上加霜；另一方面，无数城市社区严防死守，一时间，新鲜果蔬的购买变得"吃力"。恰恰这时候，"乐农社"平台上架的许多来自贫困县的绿色农产品，满足了供需双方的需求。因而，即便在抗疫期间，天鸿宝地组织的消费扶贫也没有中断，许多业主继续在"乐农社"平台下单购物，也有力地帮助远方种植户抵御了一场突如其来的疫情风暴。

当疫情有所平缓，天鸿宝地再次蓄力。他们与西藏德琴阳光庄园有限公司签订了"一亩青稞"计划，认购了位于西藏自治区日喀则市江当乡的青稞种植基地中的青稞作物，为当地农户解决了燃眉之急。

据不完全统计，截至目前，天鸿宝地已经认购了贫地区1.5万斤的农副产品，并通过线上和线下等购买方式，完成了近十万元助农产品的销售额。

给雪域高原贫困儿童一份切实的关爱

天鸿宝地在积极参与扶贫攻坚活动中，感触至深的是给雪域高原孩子一份切实的关爱。他们响应中国物业管理协会和中国社区扶贫联盟的号召，积极参与认购千里之外的"青稞地"，是因为这项活动"非常有意义"。企业每认购一亩青稞地，都将对应"牵手"一名西藏的困难儿童。他们付出的认购资金对该名儿童提供学习、生活、成长等方面的资助，形成一对一的帮扶机制。天鸿宝地负责人表示，牵手素

点点滴滴,凝聚成大爱

未谋面的远方孩子,帮助他们顺利成长并完成学业,还能参与见证他们成长中的故事,这是非常棒的扶贫模式,也希望由此能让他们的未来变得更加明媚和丰富!

> "扶贫,不仅要帮扶处在贫困线上的农户,更应该参与贫困地区的孩子教育,因为教育才是脱贫的最重要举措。"

天鸿宝地在践行社会责任、积极参加公益活动的过程中了解到,许多贫困县致贫的原因,一方面是因为交通和信息闭塞;另一方面,是因为当地孩子因环境落后得不到完整的教育,也缺乏充足的阅读资源。为此,天鸿宝地响应团市委号召与要求,为新疆和田地区的在校中小学生捐赠了书籍近千本,希望一本本连接着世界的书籍,能开启当地孩子的眼界,影响他们的未来,让他们的家乡不再因教育缺乏而贫困。

此外,天鸿宝地公司的党支部也以党建引领扶贫济困。他们响应属地社区号召,连续多年对所服务小区中的困难家庭开展"关爱助学"活动,同时为业主孩子送去助学资金及学习用具等,为全面构建共建共治共享的社区治理新格局不懈地努力。

大爱无边,践行社会责任

虽然天鸿宝地只是一个物业服务企业,但他们在成长发展中,从来不忘以实际行动践行社会责任。2020年3月,得知医疗前沿的"白衣战士"们日夜奋战,非常辛苦,天鸿宝地领导班子及时走进北京积水潭医院、新街口院区和回龙观院区,对战斗在疫情防控第一线的医护人员进行慰问,并送去抗疫和生活物资。天鸿宝地负责人表示,物业人身处社区防疫的"第一道防线",将努力向全体医护工作者看齐,积极落实国家和政府有关规定,严防死守,倾力构筑"社区防疫墙"。4月,天鸿宝地向所服务的业主单位清华大学附属中学永丰学校捐赠了防护口罩2000个,以此充实学校的防疫物资,守护学生健康。

"扶贫事业,是整个民族勠力同心的国家行动,也是一项长期而重大的任务。"天鸿宝地负责人表示,公司每一位员工,都将牢记初心,满怀使命,充分发挥物业服务企业自身的资源优势,切实地为扶贫助农、振兴乡村做出更多的实事!

抗击疫情，精准扶贫，两手抓，两不误

访上海吉晨卫生后勤服务管理有限公司董事长黄晨

文 | 集集

2020年，是全面建成小康社会和"十三五"规划收官之年。上海吉晨卫生后勤服务管理有限公司（以下简称：吉晨卫生）高度重视脱贫攻坚、精准扶贫工作，用实际行动践行企业社会责任，2019年10月荣膺由全国政协副主席梁振英颁发的"杰出企业社会责任奖"。

吉晨卫生作为中国社区扶贫联盟理事单位，"社区的力量"的先进单位，坚持以党建引领，积极参与国务院扶贫办、中国物业管理协会共同组织的"社区的力量"消费扶贫活动，并取得良好的成绩。

细节，体现社会责任

2000年，黄晨创立了上海吉晨卫生后勤服务管理有限公司。

20年来，他以改善医疗机构环境为己任，以吉晨卫生成为中国医疗机构领先的非诊疗支持服务供应商为使命，全心全意为医疗机构提供优质、高效、经济、全面的非诊疗支持服务。他说，企业谋求可持续性发展，最重要的一点是不忘初心，始终牢记"让病人满意，让医院放心"的服务宗旨，同时还要积极承担起民营企业家应有的社会责任。而在国家发起的精准扶贫攻坚战中，黄晨带领企业员工积极践行，使得抗击疫情、精准扶贫"两手抓，两不误"，表现出了高度的责任和浓浓的情怀。

谈及吉晨卫生在本次疫情中的具体工作，黄晨介绍，这次新冠肺炎疫情比2003年爆发的"非典"来得更加迅猛，又恰逢春节，一时间造成了物资和人手的严重匮乏。他说，虽然确诊人数很多，但很多感染者得到及时诊治并痊愈回家，由此给了

黄 晨

上海吉晨卫生后勤服务管理有限公司董事长

老百姓很大的信心。大家都坚信，在党和政府的领导下，只要万众一心，是能够战胜疫情的。

事实上，他们在抗疫期间表现突出，工作中令他非常感慨的有"三点"：

一是员工们在各个环节节省物料，尽力克服医疗防备物资匮乏的困境；二是有些员工自发轮换顶岗，进入了发热门诊的一线区域，顶替了千余名员工由于各种原因未能到岗需要及时填补的岗位，缓解了公司人手不足的困境；三是大部分员工放下了个人利益，放弃了个人空闲时间，全力投身抗击疫情工作，舍小家为大家，构筑了一道坚固防线。

在黄晨看来，这"三点"似乎都是抗疫过程中的"小细节"。但他认为，恰恰因为这些"小细节"做得到位，体现了一种社会责任，才确保了抗疫整体获胜能"水到渠成"。

连续三年的"精准扶贫"行动

去年，吉晨品牌下所有公司总收入已超过10亿，年增长率20%。

之所以取得这样的业绩，基于他们牢牢把握移动互联网和大数据的蓬勃发展趋势，将人工智能和实体经济的融合不断深化，使其成为推动经济发展的新动能。

但黄晨坦言，在医院后勤服务领域，人工智能化暂时无法取代后勤服务岗位，虽然吉晨卫生使用的物业管理器械已经智能化，但是，医院后勤服务始终需要人工干预。

公司的成长壮大得益于抓牢发展趋势，也得益于重视"社会责任"。

聊及于此，黄晨介绍，吉晨卫生曾参加了黄浦区2018年东西部扶贫协作和对口支援工作推进会暨"百企结百村"精准扶贫动员会。在黄浦区对口帮扶的云南省普洱市澜沧、孟连、江城、西盟和景谷等5个县中，吉晨卫生与孟连县富岩镇芒冒村签订了《"百企结百村"精准扶贫行动帮扶协议书》。在2018年—2020年期间，吉晨卫生连续三年每年捐赠该村20万元用于精准扶贫工作。扶贫资金主要用于实施乡村振兴战略计划，进一步发展壮大村集体经济，促进农村基层组织建设，加快脱贫摘帽，着重以种植牛油果示范基地为主，探索村集体和农民经济发展有效途径。

2020年，吉晨卫生克服新冠疫情带来的诸多困难，积极落实帮扶资金，全力支持普洱结对村在2020年底前如期实现脱贫，实施产业扶贫帮扶机制，为全面打赢精准脱贫攻坚战贡献了力量。

投身"藏区牵手计划"

小康路上一个都不能少，是习近平总书记反复提及的庄严承诺。

为了兑现这个承诺，一场前所未有的脱贫攻坚战在全国范围全面打响。而吉晨卫生不仅坚持做好云南的"精准扶贫"项目，也积极参与为"藏区青苗牵手计划"贡献力量。

2020年，中国物业管理协会、中国社区扶贫网精准聚焦"三区三州"的西藏地区，发起了"藏区青苗牵手计划"专项行动，号召物业企业"认领一亩青稞田，帮扶一名藏区儿童"。吉晨卫生积极参与认购了12亩青稞田，牵手12名藏区学生，通过消费扶贫牵手雪域高原孩童成长，助推西藏打赢脱贫攻坚战，完成了城市社区与西藏高原爱心连结的最后一环。

黄晨说，吉晨卫生作为首批认购种植青稞的物业企业，为更好地践行"藏区青苗牵手计划"，派代表参加了"藏区牵手公益行"活动，走访慰问了牵手扶贫的桑珠孜区纳尔乡中心小学的学生们，通过参与他们的课外活动，了解了当地学生的日常生活情况，勉励学生好好学习科学文化知识，为建设"美丽中国"而努力。

就业扶贫结出硕果

早在2017年12月，黄晨就随黄浦区工商联民营企业家代表团赴云南省普洱市及其下辖的澜沧、孟连等县进行扶贫考察，从而揭开了吉晨卫生助力精准扶贫工作的序幕。

考察期间，他与在当地挂职的黄浦区干部进行交流，了解区工商联2017年项目在落地推进过程中产生的成效和问题，了解五个县的产业特点与扶贫需求后，黄晨表示，吉晨卫生将在2018年着力解决云南普洱地区的"就业扶贫"，通过培训提供就业岗位500个。

▲ 圆桌论坛，分享扶贫经验

▼ 爱心如潮，温暖高原学子

2018年8月，吉晨卫生与云南省澜沧县人民政府签订了劳务输出协议。

今年，受新冠疫情影响，许多务工人员面临着"找工作难"，一时找不到适合自己的就业岗位。澜沧人社局积极发挥人力资源公司优势及人力资源服务市场作用，通过"东西部劳务协作"，将澜沧县务工人员送到上海务工，希冀通过此举解决务工人员"找工作难"。

为了让外出务工人员更加了解自己所要去务工的企业，澜沧人社局相关负责人在务工人员外出前进行了岗前培训，从职业道德、外出务工注意事项、维权等方面进行了培训，并介绍了上海的城市生活和工作现状，以便外出务工人员能更好适应当地生活，鼓励他们安心工作，学习专业技能。而吉晨卫生采用"点对点"方式，有组织地将务工人员分别输出至吉晨卫生提供后勤保障服务的温附一、附二、台州医院、永康、浙江省妇保、苏大附一医院等华东地区项目部从事保洁、运送等后勤服务，其中输出到上海务工人员有10批次、200余人，同时做好建档立卡务工人员摸底排查、信息识别、组织动员等基础工作。为了解决他们的生活困难，吉晨卫生还为这些出门在外的特殊员工提供完备的生活保障，在医院附近租借宿舍，为他们提供必备的生活用品。院方领导也高度重视，举行了欢迎加入仪式，还对他们进行现场的岗位培训，尽可能地让他们熟悉环境，适应新的生活，更好地为医院后勤服务。

多年来，吉晨卫生秉持"有限责任，无限服务；力求完美，追求卓越"的管理理念，始终将公益事业、社会责任贯穿于就业扶贫、消费扶贫、教育扶贫、产业扶贫等工作中，在脱贫攻坚中交出了一份优良答卷，为"精准扶贫"谱写了新篇章。

打好精准扶贫"组合拳"
做业主满意的红色物业

访湖南中建物业服务有限公司党总支书记、总经理黄琳

文 | 曹奔

"美好生活",是当下的一个高频热词。党的十九大报告提出:"永远把人民对美好生活的向往作为奋斗目标。"如今这个词愈发炽热,在与老百姓生活密切相关的物管行业,无数企业正积极探索构筑人居"美好生活"的内涵与外延。

而"和谐人居,奉献社会"——简简单单八个字,则将中建物业的企业宗旨表达得淋漓尽致。这家央企牢记初心使命,在拓展业主幸福空间的道路上,坚定地把企业社会责任与建设和谐人居作为事业开拓发展的常青动力。

"社区的力量"消费扶贫,牵手藏区青苗计划

艰巨的考验发生在2020年年初。一场突如其来的新冠疫情席卷全国,而管辖着17座城市的近2000万平方米、20万+业主的中建物业全体员工,在这样的严峻时刻,守土尽责,为业主筑起了社区防疫的"第一道防线"。

"疫情来势汹汹,我们看得见的是被感染者的生命受到威胁,看不见的则是更多更广的弱势群体面对疫情的迷茫、焦虑、无力。尤其,当一些贫困县农产品因疫情雪上加霜,产品滞销变得越来越严重,我们便意识到,人可以暂时'宅'在家里,但山区农产品却不能烂在地里。"时不我待,就在疫情"黑天鹅"发生期间,湖南中建物业服务有限公司党总支书记、总经理黄琳萌生了参与社区消费扶农的想法。

"我们第一时间认领了近12亩青稞地!"黄琳说,"当中国物业管理协会与中

黄琳

湖南中建物业服务有限公司党总支书记、总经理

国社区扶贫网发起'藏区青苗牵手计划'专项扶贫行动时,我们毫不迟疑,马上组织中建物业积极响应号召,及时投身于这一扶贫行动中。"

据悉,该项扶贫行动是针对藏区青稞产业发展的可持续专项消费扶贫行动,旨在更大范围地让城市和乡村有机地衔接起来,实现脱贫攻坚的跨越式发展。

黄琳表示:"我们第一时间认领12亩青稞,牵手的是12个靠种青稞为全部收入的贫困家庭,培养的是西藏地区12个急需帮助和支持的贫困儿童。我们希冀尽自己的一份力,让藏区的贫困家庭感受到切实的温暖和希望。"

推出精准扶贫"组合拳",打通农产品最后一公里

14年来,湖南中建物业服务有限公司(以下简称中建物业)在不断成长的同时,从来不忘承担社会责任,以实际行动为社会发展进步贡献一份力量。

近两年参与"社区消费扶贫"也一样,当国家发出脱贫攻坚战的号令时,他们就通过多种方式助力脱贫攻坚，彰显心中的一份责任和情怀。记得，在抗疫最为严峻的2月、3月、4月，业主们人心惶惶不敢出门，买米、买菜、买水成为业主的燃眉之急。恰恰在业主最需要的时候，中建物业迅速调研社区周边滞销农户产品，为业主甄选优质果蔬、粮油等生活所需物品，在中建信和社区逐步创新地推出代买优选、无接触送货上门的增值服务，赢得了业主多方称赞。

黄琳表示："这样做，既能让业主足不出户就能挑选到经济实惠的优质产品，打通社区最后100米，又能以实际行动去持续帮助农户促进销售，并让更多人参与到消费扶农的公益事业中来。"在分拣、消杀、配送上门等工作规范有序地运营一段时间后，中建物业依托物业服务的平台资源，以创新的"新零售"模式构建产销闭环，推出了"班长优选"小程序，方便业主在线上选购。

"只有实现线上线下的互动共融，精准扶贫进小区才能在中建信和社区里落地。"中建物业总经理助理张雯靖在湘农荟优质农产品进驻"班长优选"平台的启动仪式上说。2020年6月，两场热闹非凡的大型消费扶农展销会在长沙成功举办。"班长优选"平台产品第一次集中亮相，各种蔬菜瓜果、水产生鲜、夏日饮品吸引了近千名业主前来品尝、选购。此次活动联动了省级公益公共平台湘农荟消费扶农，中建物业成为首个将湘农荟落地进社区的公益助农标杆企业。

同月，中建信和地产领导班子携手中建五局局党建工作部部长走进直播间，化身助农"主播"，带货中建五局定点扶贫地栗树庙村农产品。黄琳代表物业公司参与了这次"以购代捐""以买代扶"的网络带货直播。这场带货直播活动吸引众多爱心人士关注、点赞、为爱下单，助力实现乡村振兴、脱贫攻坚。

"当我们这个产品出现在中建信和业主的餐桌上，实际上是把山区的某个家庭、某一个产业扶持起来。"黄琳在直播间拿着一袋农家腊肠动情地说着。

据统计，带货直播当晚，观看人次超15万。开播不到十分钟，数千枚土鸡蛋、上百只土鸡就被抢购一空。

以"红"回馈社会，"红色物业"显担当

秉承"优+你的生活"服务理念，中建物业紧跟国家与行业发展脉搏，坚持服务于"美好生活",由此获得了广大业主的信任,并赢得了良好的社会声誉。他们先后荣获"中国物业服务百强企业""全国工人先锋号""全国五一巾帼标兵岗""中国物业服务年度社会责任感企业""中国红色物业服务领先品牌企业""湖南省物业管理行业扶贫爱心企业""湖南省物业暖人心暖公益助学爱心企业"等百余项荣誉。他们在努力做好企业管理的同时,将继续不忘回馈社会。

除了积极参加"消费扶贫"之外,近年来,中建物业的公益"脚步"从来不曾停歇。自2014年起,中建物业每年都会举办"缘起信和·爱心义卖"公益活动,将义卖募集到的资金捐赠给国家级贫困县的小学,切实帮助贫困村留守儿童解决问题。他们还积极关爱困难职工,定期慰问并发放补助金;他们关注低学历人群、退伍军人、农民工及困难家庭的就业问题,积极为其提供就业机会,让基层员工分享公司发展红利,助力社会和谐与城镇化发展。

2020年,中建物业抓住行业发展新机遇,奏响红色主旋律,以"专业攻坚"为年度主题、以"拓展幸福空间"为企业使命,开启"红色物业"新征程。在持续提升企业品牌实力的同时,聚力"红色物业"党建服务品牌的打造。

这一年,他们组织"红色志愿者联盟"投身社区志愿服务,严守疫情防线,开展中建便民日、植树节直播公益、焕新家园五四活动、关爱儿童夏令营、垃圾分类爱国创卫、九九重阳长者优享等活动。

"我们的藏区青稞产品也将会陆续上线到'班长优选'小程序平台,进入到社区的千家万户。"黄琳表示。

未来,中建物业将会一如既往地践行"红色物业"的责任和担当,以不断满足社区居民对美好生活的需要,切实将"公益扶农""振兴乡村"等做到实处,与中建信和业主共建美丽生活和更美丽的家园。

▲ "直播带货"也助农

▼ 人人在行动,处处有爱心

涓涓细流汇成大海　点滴善举成就大爱

记安徽辰元物业管理有限公司

文│陈原

在国家发出"脱贫攻坚战"的号令后，安徽辰元物业坚决响应中国物业管理协会有关发出的"社区的力量"开展消费扶贫行动的号召。他们饮水思源，毫不犹豫地肩负起企业应有的社会责任，组织动员各方力量协同发力，积极加入精确引导、消灭贫困的阵营中。一时间，各区域都纷纷响应，热心参与，积极创新，践行"消费扶贫"新理念。近三年来，辰元物业总部（不包括部分分公司）直接用于扶贫的资金达70万元。他们还积极发挥每一个员工、每一个业主的能动性，以实际行动贯彻落实《国务院办公厅关于深入开展消费扶贫助力打赢脱贫攻坚战的指导意见》，充分发挥社区的力量，助力国家打赢一场"扶贫攻坚战"。

千里结对，牵手藏区困难儿童

自从中国物业管理协会发起"社区的力量"专项公益行动之"藏区青苗牵手计划"，以"牵手一个家庭，培养一个孩子，共享一亩青稞"行动，为藏区贫困儿童提供帮助，安徽辰元物业十分重视，及时召开专题会议，部署如何切实落实。尽管公司当年的扶贫资金已超预算达20多万元，公司领导班子还是充分认识到这次物业行业公益行动的非凡意义。他们感到坚守公益初心，传递关爱是企业义不容辞的社会责任和公益情怀。在助农济困的道路上，辰元物业决不落下。

经过动员组织，多方鼓动，最终，辰元物业认购了青稞田12亩，费用81600元，一举排在了安徽物业管理同行的前列。但他们并不高调宣传，而专注于低调做事。能切实帮助雪域高原的困难儿童解决燃眉之急，促进他们健康成长，也促进藏族贫困家庭持续增收,他们感到满足。

"赠人玫瑰,手有余香。"因为切实帮助了别人,公司上下都充满了一种关爱社会的正能量;反过来,也提振了公司团队的精气神,令他们因自己企业的文化而自豪。

定点帮扶,搞好线上扶贫采购

辰元物业是中国工商银行安徽省分行后勤企业改制企业,在全省15个地市均设立分公司。多年以来,他们始终表现出强烈的责任心,无论对内部员工还是对外部社会来说,都是一个充满温暖的企业组织。早年间,为了解除职工的后顾之忧,辰元物业在公司内部就开展帮扶困难员工及家庭的活动,后来不断走向社会,开展公益爱心活动,将温暖送到更多的百姓之中。而近几年,他们主动融入国家的脱贫攻坚行动,成为一支不可忽视的"社区力量",活跃在安徽15个地市。

> 他们以党建为引领,近三年来以多种"组合拳"开展扶贫工作。譬如,15个分公司的所在地,目前服务项目里大多设有业主单位的职工食堂。他们提供餐饮服务的食材采购本身,就源源不断地需要一定数量的优质农产品。而采购贫困县种植的土特产品,对于物业企业参与消费扶贫而言具有很大的优势。于是,公司积极行动,将更大范围的企业服务经营融入扶贫,同时也响应物业协会关于发挥社区力量、助力扶贫的号召,线上线下齐上阵,采购无问南北东西,一举多得。

他们"授人以鱼",也"授人以渔",两手兼抓,将扶贫搞得有声有色。

2018年11月,公司董事长一行到铜陵白梅乡岩前村、淮南祁集镇劝桥村和汤沟镇陈公村,阜阳分公司负责人一行前往阜阳插花镇赵店村,共送去项目扶贫资金28万元。

2019年,辰元物业亳州分公司负责人随业主单位相关人员两次深入扶贫联系点濉溪县五沟镇界沟村,宣传党和国家有关扶贫开发的重大方针政策,帮助落实好各项强农惠农富农政策，实地考察贫困户养殖、种植情况，寻求采购扶贫项目。通过与贫困户的对接，以不低于市场价格购买贫困户6只羊，消费金额13200元。分公司还前往利辛县汪桥镇积极参与帮扶。针对该镇贫困人员的黑毛猪养殖成本高、市场销售慢，西红柿成熟时间较集中，销售压力大等等问题，多次以购买农副产品的方式，减轻种、养殖户的生猪、西红柿的销售困难。他们分批多次购买扶贫户养殖的黑猪肉，放在职工食堂用，全年就购买1477斤，合计23632元。在汪桥镇，他们和扶贫户一起下地采摘西红柿，以2.5元一斤的价格（高于当地市场价）购买了3000斤西红柿。运回来后除用于职工食堂外，还通过宣传，将大部分西红柿折价销售给业主和企业员工，并用"以点带面"的方式，发动更多的身边人共同投身到扶贫中来。

2019年，淮北分公司本着适用业主单位职工食堂，不挥霍、不浪费原则，从"融e购"扶贫专区线上采购扶贫产品，如大米、粉丝、花椒、腊肉、咸鸭蛋、木耳、黄花菜、香菇等食品，采购金额达50125元。

滁州第二分公司通过扶贫平台，得知四川通江县贫困户正为种植的大米滞销而发愁，有大量的大米积存。了帮助贫困户变丰收为增收，以增收促脱贫，2019年11月，该分公司通过"融e购"平台找到了四川顺和通米业有限公司（"四川扶贫"商标集体授权企业代表）的联系方式，采购了368袋通江县贫困户大米，采购费用16024元。

2019年1月，雪后天气寒冷，霍邱年货节现场激情洋溢，场面火爆。由公司副总经理带队，几个员工不顾寒冷，驱车去当地"年货节"上采购了来自贫困县的价值19200元的米、面、食用油等农产品，用于职工食堂。此外，还在"年货节"上订购了52820元的鸡蛋、猕猴桃各500多箱。为了保证这些鸡蛋、猕猴桃能够被新鲜食用，物尽所用，物用其时，绝不造成浪费，公司除了用于餐饮服务外，还积极发动员工优惠购买，同时对业主发布信息，业主自愿购买。从企业到个人，汇聚更多的扶贫力量。

辰元物业积极发挥社区的力量，与业主单位和与广大业主，以及内部员工"益"路同行，为贫困农户们送上冬日的温暖，助力老区人民过上幸福美好的生

▲ 爱心如同接力,真情传递四方
▼ 慰问之情,如春风吹拂

活,助力老区打赢脱贫攻坚战。

助农任重道远,公益永不停歇

这些年,辰元物业在扶贫助农战役上打赢了一仗又一仗,事例不胜枚举。

2020年上半年,辰元物业从原贫困县石台县采购了14万元的硒米作为员工节日福利发放到广大员工手中,既助力扶贫,又增加了员工的实惠和幸福。下半年,拟拿出20万元资金,于春节前再采购一批扶贫农产品,用于员工福利发放,在助农扶贫路上继续前行。

辰元物业对于国家以及省市协会的扶贫文件,都一一贯彻落实。譬如,他们响应安徽省社会组织管理局、中国物业管理协会分别印发的关于助力湖北省农特产品销售的通知,积极号召企业及职工将内部需求与助力脱贫相结合,把日常生活消费与奉献爱心相结合。他们倡导广大职工结合生活消费需求,积极购买湖北省滞销的优质农产品和未摘帽贫困县的特色农产品,以实际行动支持决战决胜脱贫攻坚和常态化疫情防控形势下的湖北经济发展。

涓涓细流汇成大海,点滴善举成就大爱。辰元物业信奉"不因善小而不为"的思想,并且意识到,助农任重道远,公益永不停歇。因而,无论脱贫攻坚还是乡村振兴,辰元物业表示都会响应政府号召,积极参与扶贫公益行动,主动履行社会责任,将扶贫融入经营,共需共享,从而实现"扶贫""惠民"双赢,以实际行动彰显辰元物业心系群众、情系社会的责任担当。

饱含深情，关爱雪域高原的儿童

记浙江祥生物业用"温暖的心"助力脱贫攻坚战

文 | 项淼

一个木桶无论多深，它的盛水量取决于其最短的那块木板。该短板就成了这个木桶盛水量的"限制因素"。若要使此木桶盛水量增加，只有换掉短板或将其加长。人们将这一规律总结为"木桶定律"，又称"短板理论"。

同理，一个社会的民众幸福指数，不仅仅看GDP总量，也不完全取决于人均收入，而由整个社会中有多少"贫困人口"所决定。

2020年，是中国全面打赢脱贫攻坚战的收官之年，也是中国全面建成小康社会的决胜之年。雄关漫道真如铁，而今迈步从头越。在党中央、国务院战略部署下，全国各族人民、广大干部群众、各个行业凝心聚力，扎扎实实坚守"上心、操心、用心、真心、细心"的办事原则，锁定精准脱贫目标，以"绣花"功夫，将脱贫基础工作做精做细，力求实效。

浙江祥生物业服务有限公司总经理倪凯峰表示，全面打赢脱贫攻坚战是一项重大的历史任务，也是各个行业、企业彰显社会责任、引领和谐社会价值观的实践之举。为此，作为中国物业服务企业500强之一，祥生物业也积极响应党的号召，以提高人们幸福指数为己任，用温暖的心，做有温度的事，在为业主提供科技化、高质量的物业服务同时，积极投身于由中国物业管理协会、中国扶贫志愿者服务促进会、中国社会扶贫网、易居乐农等相关组织发起的助力西藏脱贫攻坚战。

以画笔为媒，让西藏之美提升儿童生活质量

西藏是大自然的瑰宝，是旅人朝圣之地，却也是一个特困县域连片、贫困发生

倪凯峰
浙江祥生物业服务有限公司总经理

率最高、贫困程度最深的地区。有位藏人在互联网上发声："我们也想过现代人的生活。"这代表了藏区人民脱贫之心切。他们拥有丰富的旅游资源，还盛产青稞。因此，西藏通过大力发展青稞产业、旅游文化产业等，有望实现"脱贫奔小康"、过上现代生活的希望。

来自浙江的祥生物业，在行业协会、扶贫组织的指导下深入西藏调研脱贫需求，以"对症下药、精准滴灌、靶向治疗"，专注"青苗牵手计划"作为开启脱贫助农的金钥匙。

他们看到，西藏之美无与伦比。它存在于天地之间，也存在于画布之中。

2020年5月，乐农社正式启动题为"牵手普布普赤，一起画西藏"公益绘画大赛的爱心活动。祥生物业联合主办方，邀请社区业主以"我眼中的西藏"为绘画主题，与西藏地区贫困家庭的孩童们共绘爱心画作。

活动开启后，短短几天，祥生物业就收到了近百幅来自全国各地小朋友的爱心画作。这一幅幅画作，凝聚了祖国四面八方民众对藏区的真爱之意，也蕴含了对藏区小朋友的深情祝福。西藏的小朋友也纷纷发来自己画笔下的家乡，用稚嫩的小手，清澈的眼睛，给这场助力西藏的爱心活动添上了另一番风采和一股力量。

一幅幅饱含关爱的画作，无形之中架起了沟通的桥梁，让藏区之美烙印在每一个小朋友的心中，也有望在未来形成一股强大的稳定团结的力量，促进藏区的繁荣发展。

此次活动，由数位专业画家作为评审，组成"公益绘画大赛爱心评审团"，对38位入围画作逐一打分，综合评分最高的前8幅画作成为绘画大赛"特级爱心画作"，将被应用于"藏区青苗牵手计划"青稞公益产品包装设计。8位获奖者也获得了"西藏公益行活动"体验名额。

针对藏区贫困儿童的实际需求，本次活动的组织方每收到一幅爱心画作，都以绘画者名义向藏区儿童捐赠"彩色蜡笔组合"；以38位入围者的名义，为西藏日喀则曲当中心小学班级捐赠"爱心书包+文具组合套装"；并以8位特级画作获奖者的名义，向西藏日喀则曲当中心小学联名捐赠"爱心体育活动器械"，提升了西藏日喀则曲当中心小学学生学习、生活条件，也为孩子们构建向上、希望的启点。

本次活动还进行了画作绘本义卖，出版了专属绘本，内含所有绘画作品，并于"乐农社"线上平台进行爱心销售，销售利润也全部捐赠给藏区贫困儿童。

以购代捐，让希望之光照亮藏区儿童生活

授人以鱼不如授人以渔，是脱贫攻坚战的策略之一。

扶贫，首先在于扶"智与志"。为了让脱贫成果经得起时间的检验，许多热心助贫者都十分注重让受助者获得"渔"的能力，激发其内生动力，变"输血"为"造血"。

针对帮助西藏脱贫计划，5月18日，祥生物业积极参与"藏区青苗牵手计划"，采取以购代捐形式，通过种植基地认领，切实扶持当地青稞产业的发展，并建立藏区长期可持续的帮扶链条，以微小的公益之举，为藏区儿童栽种下幸福和希望的嫩芽，将爱心、关心和善心化作希望之水加以浇灌，从而助力藏区脱贫、牵手孩童成长。

在实施本次牵手计划中，祥生物业决定将首个对口帮扶小学选定为日喀则市定日县曲当乡中心小学。该学校位于珠穆朗玛峰下，建档立卡贫困家庭学生约352人，占比超过50%。来自该学校的贫困儿童，便是他们牵手计划的主要帮扶对象。

在与当地学校触过程中，祥生物业了解到孩子们生活物资紧缺，早餐营养单一。为此，祥生帮扶资金的主要用途之一，是为藏区儿童提供必要的生活物资，帮助他们获得温暖的生活。部分资金用来为藏区儿童提供丰富营养的早餐，助力孩子们成长，让深处生活困顿的孩子真切感受到来自社会的呵护和关怀，从而快乐无忧地成长，专注自身学习成绩的提升。

祥生物业人满心希望，在不久的将来，藏区更多的儿童能够茁壮成长为"参天大树"，以自身的力量庇荫家乡，造福社会。

▲ 去雪域高原青稞基地帮扶班级树牌
▼ 慰问探望被帮扶的学生家庭

坚持做"有温度的事",四叶草计划·助学基金扎根藏区

在"藏区青苗牵手计划"启动暨首批认购集中签约仪式上,祥生物业一举认领了12亩青稞地,与藏区建立了长期可持续性的帮扶链条,实现藏区青稞的销售帮扶,让雪域高原的优质农作物源源不断走进东部的千家万户。

为了更好地帮扶当地青稞产业发展,2020年6月,祥生物业和其他爱心企业代表亲赴"藏区青苗牵手计划"的首期青稞基地所在地——日喀则市进行项目调研,对青稞各系列产品的处理、深加工、包装等工艺环节作了深度考察,还与当地负责人热烈探讨了青稞产业未来多元发展之"各种可能"。双方都对未来的合作与发展充满信心。

此次调研,祥生物业和浙江省祥生公益基金会的工作人员来到了纳尔乡小学,与孩子们一起参加绘画活动。一幅幅看似简单的铅笔画,洋溢着孩子们对未来的憧憬与期望。

在本次爱心慰问走访活动中,祥生物业充分了解了当地孩子的切实需求,以"四叶草计划·助学基金"为爱心扶助基础,计划在日后切实解决当地孩子的求学难题。

随着一个个青稞基地公益结对扶贫牌插牌完成,祥生物业爱心的种子在雪域高原扎下了根。这是爱的传递,是构建和谐社会的大爱之举,也是助力藏区脱贫致富的微薄之力。

祥生物业表示,未来,他们将继续肩负社会责任,以祥生公益基金会为桥梁,通过四叶草计划·健康基金、四叶草计划·童梦基金、四叶草计划·助学基金、四叶草计划·互助基金等四个公益子项目聚焦精准公益互动,一如既往地奉献与付出,坚持做"有温度的事",让那些需要帮助的孩子与家庭感受到来自祥生物业的"爱的支持"和"幸福生活的力量"。

V

"社区的力量"消费扶贫的阶段性目标已经实现。在"社区的力量"消费扶贫专项行动持续 3 年期间，通过广泛动员，在全国 40 多个城市，带动了 3 万多个社区和上千家庭参与，通过线上便捷购买、线下试吃体验融合的方式，直接帮扶 10 万贫困人口，间接帮扶 100 万贫困人口。其中，影响巨大的"带一斤回家"的扶贫项目，点点滴滴，无不凝结着党和政府的关怀、全国人民的爱心以及无数物业管理服务企业的社会责任和浓浓情怀。而"青苗牵手计划"，组织近百家企业认购了"1000 亩+"青稞地，帮扶了雪域高原 1000 多名学子。

探索电商扶贫新模式，打通消费"最后一公里"

访河北丰宁满族自治县商务局局长王兴起

文 | 刘慎良

2020年初冬，北方飘了第一场雪。北京的雪飘在半空，到地上化成了雨水；而距京三小时车程的河北丰宁一带却被茫茫白雪严严实实地覆盖了。

北京跟丰宁的关系是密切的。不仅是风光壮美的坝上草原以及塞外风情的冰雪运动，最直接的，恐怕还因为丰宁是北京居民的"米袋子"和"菜篮子"。

"丰宁的农副产品大约85%都供应了京津地区的居民。"访谈一开始，河北丰宁满族自治县商务局局长王兴起便开门见山地介绍，双方迅速找到了感兴趣的话题。

"咱家菜园儿"来了

河北承德的丰宁是出名的农业大县，以风光秀美和农产品富饶而著称。公元1778年，清乾隆四十三年取"丰芜康宁"之意设立丰宁县。1987年，经国务院批准成立丰宁满族自治县。

近年来，丰宁的名气与电商扶贫有相当密切的关系。尤其在今年的全国扶贫攻坚战中，"社区消费扶贫"作为公益领域的一大创新，备受各界关心。

"社区消费扶贫"是探索创新消费扶贫的新模式、新路径、新经验。动员各地物业管理公司带动社区业主，通过手机互联网终端软件下单，将社区市场和贫困地区农产品有效对接，购买贫困地区农副产品，帮助贫困人口增收。

而丰宁满族自治县商务局的贡献在于，作为"组织者"，他们通过扎扎实实的行动，落实"社区消费扶贫"的"最后一公里"，从而让更多的京津居民以及地处更远的"美食家"都能吃上优质放心的牛羊肉和杂粮蔬菜。

王兴起
河北丰宁满族自治县商务局局长

　　王兴起局长先向笔者介绍了"咱家菜园儿"活动的背景。这是"社区消费扶贫"的重要组成部分。2018年，丰宁在全国同时获得"国家有机产品认证示范县""全国有机农业示范基地"两个称号。在全国，同时获得两种称号的县市不到10个。不言而喻，这意味着丰宁的农副产品中，有机产品是强项。一般人看来，有机农产品质量好，不施化肥、不打农药，不过也有成本高和价格高的缺点。由于缺少爆款产品和品牌，知名度低，丰宁的农副产品起初在线上的销售效果并不理想。

　　为响应和贯彻中国物业管理协会关于社区的力量消费扶贫行动的要求，2020年5月29日，北京物业管理行业协会组织北京瑞赢酒店物业管理有限公司、北京首华物业管理有限公司、长城物业北京分公司、北京城承物业、北京晟邦物业、北京网信物业、北京中航大北物业管理有限公司及天津如鱼物业服务有限公司项目负责人一同前往丰宁进行为期两天的考察，深入了解社区结对计划——"咱家菜园儿"项目。

王兴起介绍说，目前"咱家菜园儿"取得了一定成绩，不过成长空间还很大，最后达成的目的就是让京津地区高端用户吃好我们的优质产品。

"电商销售扶贫"驱动发展

"'社区消费扶贫'当然离不开'电商销售扶贫'。这是近几年丰宁进行扶贫攻坚的一个非常重要的抓手。"紧接着，王兴起将话题一转，聊起了这一"驱动力"。

丰宁满族自治县2016年实施电子商务进农村全覆盖项目，2017年争取到电子商务进农村综合示范县项目。两个项目的实施，完善了电子商务体系建设，为全县电子商务持续高效发展打下了硬件建设的配套基础。而借助北京对口帮扶资源优势，通过线上、线下、大宗交易三种营销模式，打通扶贫产品进京渠道。

为保证产销对接顺畅，该县同步建设了村级电子商务服务站180个，实现了全县贫困村全覆盖。三级物流快递配送体系建设打造了"上接县、中到镇、下联村"的农村物流中转配送模式，进一步降低物流成本，提高配送效率，有效解决了农村物流快递配送的瓶颈。

县商务局今年积极组织各类产销对接活动，拓展农产品销售渠道，包括积极推动企业采购；组织开展产销对接推进会；组织参加各类展销活动以及多元化拓宽扶贫产品销售渠道。

特别是创新电商扶贫和消费扶贫新方式，引进民建中央优秀会员企业送好多(北京)互联网科技有限公司落户丰宁，并与丰宁县政府共同搭建本地电商平台"丰宁商城"。用户通过在丰宁商城下单购物，由此产生的利润、税收、就业资源等回流本县，从而带动经济发展。自丰宁商城7月7日正式上线以来，总用户20000余人次，实现订单销售320余万元，助力丰宁扶贫产品销售110余万元。

王兴起的言语透着欢快的情绪，他说："以国家的832销售平台为例，目前丰宁扶贫认证产品的销量连续几个月稳居河北第一。"

原来，在这个国家级的销售平台上，丰宁的种植企业并不占优，因为没有特别知名的渠道和品牌，销售情况也不理想。后来，县商务局引进了一家商贸公司——丰宁满族自治县帅马旅游发展有限公司。该公司带来多款产品：爱尚羊的羊肉，丰鑫的猪肉，还有聚顺的牛肉。这家公司的老板曾经给知名品牌福成牛肉做过销售代理。结果没有多久，这家公司就在832平台上把销售量做起来了，每个月销售额七八百万。截至11月10日，丰宁扶贫产品832平台销售业绩一路飙升，累计销售额达8300万。

直播带货，变"滞销"为"热销"

王兴起又讲了疫情期间的一个故事。县商务局的主要任务是解决农产品销售难。他们主动调研企业，了解企业生产销售状况及产品存量，并整理编制了《丰宁扶贫产品销售名录》，为帮扶企业销售奠定了物质基础。以爱尚羊公司为例，库存牛羊肉高达800多吨，价值5000多万。作为公司来说，库存是有成本的，如果不能及时销售出去，成本天天损耗着企业的现金流。县商务局前后18次通过线下产销对接，将爱尚羊的产品介绍到北京怀柔区大兴发超市，设立专柜进行销售，每个月销售额达到30多万元，最好的一个月能卖到50多万元。而在密云区双创中心，一个月销售额能达到200多万元。

2020年7月，电商平台拼多多、京东、一亩田、盒马鲜生和阿里巴巴等五家公司与丰宁满族自治县人民政府签立了战略合作协议，丰宁的农副产品利用他们的平台和资源进行销售。尤其是7月7日，拼多多做了一个丰宁直播带货专场，从上午10点一直到下午5点。下午三点到四点更是掀起一个高潮，民建中央副主席周汉民亲自为丰宁直播带货，仅销售爱尚羊羊肉就有2000多单。在这之后，好几位县领导都在拼多多、抖音、第一视频等电商平台直播带货，效果显著。"原来的滞销品成了畅销品，更成了紧俏品，甚至卖断货了。"王兴起掩饰不住喜悦的心情说道，"以爱尚羊为例，800多吨库存不仅都卖掉了，收回了5000多万。现在购买产品，都要提前打款。"

展望丰宁县的社区消费扶贫和电商扶贫，王兴起局长说：目前，我们正在着手

▲ 消费扶贫能否持久开展的关键,是在源头产地遴选优质农产品

▼ 自从搭上消费扶贫电商快车,丰宁的农产品源源不断飞入城市社区千家万户

大力进行丰宁农产品的产品认证和推广。丰宁商城的品牌和产品，我们将逐步向承德全市进行推广，不断优化产品销售渠道，努力打造爆款产品。之前，丰宁作为电商示范县一次性通过国家验收，我们获得了 500 万元奖励。我们要用好每一分钱，将其落在实处，不仅落实"社区消费扶贫"的"最后一公里"，这也是电商扶贫的"最后一公里"。

问："社区的力量"消费扶贫活动，在丰宁满族自治县脱贫攻坚工作中，主要解决了什么问题？

答："社区的力量"消费扶贫活动，让丰宁的农特产品直接走入城市社区，直面社区消费者，拓展了丰宁农产品销售渠道，提高了丰宁农特产品的品牌知名度，主要解决了丰宁农产品滞销问题，以消费代捐赠，以消费促增收，以消费扶贫，助力丰宁脱贫攻坚。

问：今年疫情期间，在落实"社区消费扶贫"的"最后一公里"，县商务局遇到什么困难，推出哪些针对性举措？

答：今年受疫情影响，造成全县农特产品销售渠道不畅。在丰宁满族自治县人民政府和丰宁满族自治县商务局的指导下，推出"社区的力量"消费扶贫攻坚战的丰宁专项公益行动——丰宁的"咱家菜园儿"社区产销对接计划，由易居乐农和丰宁满族自治县电子商务公共服务中心策划创新实施，实现了北京的物业社区与丰宁的生产基地直接对接。订单化销售，推动了丰宁蔬菜、杂粮、肉、瓜果等农特产品上行销售，以订单收购和劳务用工直接、间接带动建档立卡贫困户增收。最后达成的目的就是让京津地区高端用户吃好我们的优质产品。

同时，积极探索电商扶贫新模式，将直播带货与产品促销活动相结合，利用拼多多、第一视频、抖音、快手等网络平台开展直播带货活动。民建中央副主委周汉民及县长杨宪军先后化身"带货主播"，为丰宁产品代言，有效地提高了丰宁知名度和品牌影响力。

问：开展"消费扶贫活动"以来，丰宁满族自治县取得了怎样的成绩？

答： 运用政府采购政策引导消费扶贫，主动对接，促进协作消费，动员市场主体和社会组织参与消费扶贫，推进扶贫产品卖得出、卖得好、卖得快。各级预算单位共预留采购份额 574.18 万元。截至 11 月 18 日，完成采购 665.59 万元，超额完成任务，列全市第一名。

组织扶贫产品推荐认定。全县 16 家供应商 72 类产品进入《国家扶贫产品名录库》，商品总价值 16.46 亿元，为开展消费扶贫行动奠定了物质基础。同时，积极组织扶贫产品认定企业入驻扶贫 832 平台。截至 11 月中旬，丰宁扶贫产品 832 平台销售业绩一路飙升，累计销售额达 8300 余万元，连续多月列居河北省第一。

目前，丰宁扶贫产品已全面入驻中国扶贫网、扶贫 832 平台、京东、淘宝、拼多多、盒马鲜生、一亩田等 10 余家大型电商平台，通过电商平台实现农产品销售额突破一个亿。电商扶贫作为产业扶贫典型案例入选河北省 100 例脱贫攻坚典型案例，并在《河北农民报》、中国扶贫网站进行宣传报道。

荒田就这样变成了收益

访四川省平武县商务和经济合作局副局长何洋

文 | 姜浩峰

"天下大熊猫第一县"是四川省绵阳市平武县最知名的一个"代名词"。它位处秦巴山连片之地，是野生大熊猫栖息之所。从保护珍贵动植物的意义看，原本山连着山、草木茂盛的平武县域，其发展的第一要义是生态保护。"矛盾"也正在于此。

前些年，对平武来说，最棘手的"痛点"在于，一方面要守护青山绿水，这里有不少得天独厚的物产；一方面又苦于对外交通不便，有好东西而卖不出好价。再者，一些困难户家里人手短缺，即使家里有意承包山林、田地，却无力耕种。不少田地，抛荒了不少年。

守着资源，无法利用，这是他们久久挥之不去的苦恼。

近些年，随着交通设施逐步改善，平武人看到了希望。特别是平武县商务和经济合作局联系上易居乐农以后，易居乐农"社区的力量"连上了平武，对平武脱贫产生了很大推动。

2020年2月，当新冠肺炎疫情袭来的时候，平武江油关镇坪头坪村村民郑大林很是郁闷。因为突如其来的疫情阻断了交通，使得郑大林家在山上种植的高山包菜无法及时运出销售，眼看一家6口人依赖的今年唯一收入来源要烂在地里。易居乐农从平武县商务和经济合作局得知情况后，双方合作，立即发起"抗疫保供、保供稳价联合行动"。易居乐农联系了奥园物业、成都嘉诚新悦物业集团、四川蓝光嘉宝服务集团股份有限公司等企业，大家齐心协力帮助村民解燃眉之急。于是，这家要了五千斤，那家买了四千斤，郑大林一家由此摆脱了困境。郑大林由衷感激"好心

何洋
四川省平武县商务和经济合作局副局长

人"的及时帮助,给平武县商务和经济合作局、易居乐农和各物业公司都写了感谢信。透过他所戴口罩,也能看到他的真情流露——逢人连连道谢。

今年9月,平武县商务和经济合作局副局长何洋来到成都,在武侯区吾悦广场的"嗨购"庆典上看到了另一番新景象。发自平武的高山茶叶、天然蜂蜜、香肠腊肉、手工梅子酒等优质特色山货,不仅仍保持了平武特色,且包装也变得十分精美,有些产品带着浓浓的文创气息,让人看了爱不释手。譬如,有一款产品包装上写着"梅有故事"。这样俏皮的文字和设计,很难想像会出自山乡产品的加工企业。事实上,它们破茧而出了。

"我们希望把平武最优质、最受欢迎的特色农产品带给消费者,保证大家在餐桌上尝到的每一口,都是正宗的平武味道。"何洋站在吾悦广场,对着绵阳市以及四川省电视台的镜头,侃侃而谈,流露出满满信心。

当时，有成都市民表示："我们城里人其实很喜欢吃山里的农产品，像平武这种正宗的香肠腊肉，原本没有渠道的话很难买到。今天刚好有这样的机会，我就买了很多回去，希望以后把销售渠道进一步打通，让我们能经常吃到'山货'。"

这些都是大实话。打通山货进城的渠道，首先自然要撸起袖子加油修路。然而，在道路修通之后，如何让信息沟通也变得迅速，亦是尤为重要的环节。信息通，则平武山乡的货物能更快、更精准地流入"最后一公里"，在手机终端能实现消费行为。

在何洋的心中，平武的特产多而美。"我们平武县位于四川绵阳北部，处于涪江上游，气候温和，降水丰沛，日照充足。这就让平武的土蜂蜜、茶叶、核桃、天麻、蚕桑、果梅、板栗、黄牛、杜仲等产品质量特别出色。"何洋说，"拿平武绿茶来说，平武茶叶种植历史悠久，自古为'贡茶之乡'。当地的中华芽、九寨雀舌、毛尖、雪芽等茶叶品种系列，外形匀整、挺秀，香醇味甘、耐冲泡。更值得一提的是，所有茶叶均无农药残留。"

在何洋的眼里，平武的土蜂，每一次飞行都是在搬运山林中最纯的精神气。"虽然，我们不一定看见过蜜蜂辛勤工作的全过程，但我们可以尝到大自然里最纯的甜。平武的蜂蜜就是味甜动人。"何洋说。值得一说的还有平武的核桃。平武的气候、土壤适宜核桃树生长，所产的核桃果大、壳薄、仁黄、质优，早已入选了中国国家地理标志产品保护目录。据了解，平武的农产品之所以有如此特色，是因为平武长期以来坚持生态立县。如今，平武已经建立了生态信息平台，积极发展高端生态农业，重点从品质控制、食品安全方面，构建平武生态信息农业标准，从源头上保障食品安全，更希望能从中培育出一些新的优势特色农产品。

据何洋透露，目前，在易居乐农的协助下，平武正积极推进国家级电子商务进农村示范项目。未来，更多优质且包装靓丽的平武山货，将通过新渠道流通到四面八方。

2020年6月12日，对当地人而言，是一个激动人心的时刻。那天，在平武县高村乡民主社区举办了一场"社区的力量"消费扶贫攻坚战平武县"熊猫公社计划"物业企业扶贫助农发布会。"当时，我们平武县商务和经济合作局和平武县扶贫开发局、平武县高村乡党委、乡人民政府、高村乡民主社区、成都市物业管理协会都来参会，和易居乐农以及25家物业企业代表一起，共同见证'熊猫公社计划'正式启动。"何洋介绍说。

何为"熊猫公社计划"？一言蔽之，即城里人想要啥，平武人就种啥。

譬如在高村乡民主社区，由种植户提供"菜单"，标明当季可种植的农业产品；而城市社区业主可以勾选自己想要的产品，并认领土地、预付订金。种植户用订金来购买种子、化肥等农资，进行种植。待农产品成熟后，将通过物流直接配送到城市社区。

在"熊猫公社计划"启动的当天，7家来自成都的物业企业就认购了40亩土地的农产品。截至2020年底，订单农业已经增至108亩，预计产生100万元营业额收入，带动当地村上45户贫困户用工帮扶，实际将会帮扶95户建档立卡贫困户，帮助贫困户实现户均增收2800元。多么有力的扶贫创新啊！

赠人玫瑰，手留余香。帮扶是双向的，帮助了别人，提升了自己

"我切实感受到,'社区的力量'和'熊猫公社计划'给高村与垭头坪两地带来了很大变化。"何洋感慨道,"首先,有的贫困户家里缺乏劳动力。这些家庭的土地租给合作社后,把荒废的土地变成了现金收益。合作社需要人手的时候他们也能挣到工资。其次,种植技术更加规范,销售渠道更为广阔,农民收入也将翻一番。"

何洋说,"下一步,根据'熊猫公社计划'提出的'一个社区一亩高山田,一个家庭一斤高山菜',我们正在形成乡游、农耕体验、产品销售等一体化。这样的扶贫举措,不仅让村民得实惠,也让市民改善了生活。两全其美啊!"

问:作为平武县商务和经济合作局副局长,您感受中的平武是怎样的模样?

答: 平武县山清水秀,空气清新,被誉为绵阳境内最大的"天然氧吧"县。在"生态立县"的战略下,平武绿茶、平武大红公鸡还获得了地理标志证明商标,平武果梅、平武核桃、平武天麻、平武厚朴等成为了地理标志保护产品。

我们局的工作,就是促进平武县积极参加生态农产品推介、展示活动,通过多渠道展示其特色农产品,与国内外多家经销商签约合作。在国家大力推行"三农"政策的背景下,平武县还积极由传统营销方式向以电子商务为代表的网络新经济经营形式转变,更加拓宽农产品推发渠道,进一步提升知名度,让各地能够更精准、更便捷地买到平武生态农产品。

"桃李果梅花似锦,物产丰富如梦谈"。平武县拥有古老的历史文化,周秦时期为氐羌民族聚居之地。我们在注重经济开发的同时,依然坚持保持着大面积的森林覆盖率。我们依赖得天独厚的生态环境,深入挖掘,积极探索自身优势,采用多种经营渠道,严格把控产品质量。相信未来会把绿色、生态、无污染的"平武造"推向更广阔的舞台。

问:对于商务局来说,您觉得"社区的力量"进平武前后,你们的工作有哪些变化?印象最深的是哪些方面?

答: 自"社区的力量"进入平武之后,我们最大的感受就是我们县域小微企业

消费扶贫，如星星之火

及个人，从最简单的传统销售到现在搭上电商销售快车，让更多平武的产品走向全国。以"熊猫公社计划"为例，一下子发展订单农业108亩，解决了以前销售难的问题。同时，能让更多的城市人走进大山，走进平武，体验农耕、农旅、农文的美好生活，这也带动当地更多经济收入。

问：除了土特产品销售以外，扶贫项目对平武人的精神风貌、思维有哪些启迪？

答：我感到，易居乐农在平武县域的工作，思路新、模式好、力度大、势头猛，并在实践中创造了许多可复制、能推广的经验和做法，令人震撼，深受启发。我们通过易居大数据平台进行县域农产品分析，为以后的农产品销售及渠道建设保驾护航，也为平武县更多的贫困户、合作社、县域企业的高端农产品销售开拓了更广的渠道。

"柿子的全身都是宝！"

访富平县曹村镇渭鸿金果柿业有限公司总经理张文全

文 | 阙政

"金桂飘香柿子红，霜降采摘正秋风"。万事万物都有自己的节令，而对富平的柿子来说，每年"霜降"之后，就是采摘收获的好季节。很快，通往富平县曹村镇的公路又将迎来一年一度最繁忙的车水马龙——富平柿子闻名全国，曹村镇更是"柿乡中的柿乡"。

跨过"柿乡中的柿乡"——曹村镇的南大门，你会见到一块"渭鸿金果"的金字招牌。各路商家踏破门槛前来"追捧"的柿子产品，多到你想不到。采访渭鸿金果柿业有限公司总经理张文全，他感慨最多的一句话就是：柿子的全身都是宝！

拿最广为人知的柿饼来说，富平柿饼一出，谁与争锋？这里最出名的柿饼其实不是个"饼"，而是"吊柿饼"，一枚一枚都是圆脸尖下巴，像极了红润的福桃，咬上一口，还有橙红的流心，香甜软糯，入口即化——制作吊柿饼的原料正是闻名全国的富平"升底尖柿"。如此优秀，凭借的正是年平均日照时间超过 2400 小时、年降水量仅仅 500 多毫米的优异地理条件。日本吉野市全球唯一的柿子博物馆里就记载着"世界上柿子的主产国为中国，柿子的优生区在富平"。可见富平柿子早已走出中国，闻名世界。

"别的地方吊柿饼吊完就结束了，但富平的吊柿饼吊完还要经过'缸藏'。"张文全告诉笔者，"缸藏一来是为了上霜更加均匀，二来也保证柿饼的水分不会流失，口感更好。"

柿子柿饼名满天下，但张文全并不满足于此。他想起来，小时候爷爷一直会煮一种"柿子茶"喝，当地还流传着一段关于柿子茶的故事。据称当年薄太后久居长

张文全
富平县曹村镇渭鸿金果柿业有限公司总经理

安卫宫,一日汉文帝刘恒携母出游,游至频阳(今富平)温泉河北岸,放眼四眺,满是茂密的柿子树,果实累累。他小声叫来随从,问问老人家可否食之。这时从草屋里出来一个健步如飞的老人,左手提了几个柿子,右手端一个大碗。柿子可食,而碗中红色茶汤又是何物?农户曰:这是用柿蒂、柿皮熬制的。薄太后吃下柿子,喝了茶汤,夸道:"色胜金衣美,甘逾玉液清"。

传说中只知农户老人健步如飞,却不知喝柿子茶强身的科学道理。

经过调查研究,张文全发现,柿子茶不但富含蛋白质、氨基酸、胡萝卜素、维生素C,还富含核黄素、胆碱、芦丁和丹宁,可以有效杀灭各种细菌和真菌,起到美白皮肤、消炎镇痛、降脂降压、防癌抗癌的作用。"而且,柿子茶与传统的红茶、绿茶、花茶不同,不含茶碱、咖啡因,晚上喝也不会因兴奋引起失眠和增加心脏、肾脏负担,是纯天然无公害的绿色健康茶饮。"

既然柿子茶有如此多的优点，张文全决心要"复刻"古法柿子茶——经过无数次的尝试、失败、再尝试，他终于成功了！

如今成熟的柿子茶生产工艺，严选50年以上柿子树，整整24道工序精制。"选用的原材料主要是四种：柿芽、柿花、柿蒂、柿皮，经过二次发酵，激发出糯米茶香。它的单宁含量能够达到红酒的5—10倍。"听起来简单，但实际操作起来，柿芽、柿花、柿蒂、柿皮都有大讲究——柿芽每年4月10日左右采摘，专选大山里无污染的野生柿子芽；柿花每年5月15日左右采摘，带果的不要，刚开的嫩花也不要，过熟掉到地上的更不能要，只有花在枝头绽放到将落未落之时的才是最妙，36万亩的柿子田，就只有2—3亩的柿花能符合要求；柿蒂每年10月23日后采摘，天圆地方形的柿蒂也是富平独有；柿皮则要待霜降之后，柿子完全成熟了才能取皮。如此苛刻，不免令人想起《红楼梦》里对"冷香丸"的讲究："春天开的白牡丹花蕊十二两，夏天开的白荷花蕊十二两……雨水这日的天落水十二钱，白露这日的露水十二钱……"

而这柿子茶比起冷香丸来更有一难：全程都要控制好菌种，保留益生菌，杀灭有害菌。记得有一次，电商来车间做直播，网红们衣香鬓影，身上飘着香水味儿就来了。结果等直播结束，车间里的菌群平衡不幸被打破，价值40多万的柿子茶全部报废了。经过这次教训，张文全更加对柿子茶的生产全程严阵以待，"娇贵"的柿子茶必须有严苛的生产过程作保证。最终，富平柿子茶荣获市级"非物质文化遗产"荣誉称号。而精益求精的张文全，也获得了"中国柿子茶第一人"的光荣称号。

不仅如此，张文全还是渭南市非物质文化遗产项目"柿子醋"的代表传承人。他说："现在市场上流行小米醋、果醋。大家也开始发现，机器做出来的醋没有传统的口感，用更直白的话来说就是'不是小时候的味道了'。我就想，柿子为什么不能酿成口感很好的果醋呢？"

说干就干，他用杂粮老曲配合缸藏6个月的柿子，经过多次实验，成功酿出了酸度均衡、果香突出的柿子醋。"柿子醋是二次发酵，全程天然，依靠人工。一般的醋加工生产线用罐发酵，凭科技可以控制发酵的程度；而柿子醋是缸藏，整个生产过程中的多次翻看，都凭自己的眼睛，凭手工测试，所以如何控制好发酵过程是最大的挑战。"

从前，富平老一辈人爱说"柿子不成林"。在田间地头栽上几棵柿子树，不过是为了自家吃，没人能靠柿子发家致富。但如今情况大不相同了。渭鸿金果将企业和合作社紧密捆绑，按照"企业+合作社+基地"的模式，把广大社员组织起来加工制作柿饼，逐渐从困境中脱身，短短几年，影响力已辐射到周边多个村组。

这些年，电商的加入大大改变了富平柿子产品的销售渠道——通过富平县电子商务公共服务中心，张文全知道了"乐农社"——一个让"农户"直接面对"客户"的电商平台。"如今乐农社一家实现的销售就已经达到我们全部销售额的10%。促销是一方面，另一方面它也帮助我们向更多消费者作了宣传。像柿子醋、柿子茶，本来大家不知道柿子还有这样的产品，知道了以后，回头客就特别多。通过社区联盟的推荐，消费者逐渐养成了'线下看货、线上下单'的习惯，帮助我们节约了不少宣传费用。"今年双十一，富平县电子商务公共服务中心还设立了"共享打包区"，区域内扎带机、封箱机、手推车、自助打单机等设备均可共享，互联网思维再次发挥了功效。

收获的喜悦

在家门口种植、加工柿子，就能获得十几万甚至几十万的年收入，极大地改变了以往贫困县的面貌。2018年，陕西省人民政府门户网站就发布公告：富平等23个县正式退出了贫困县序列。富平县的农户真可谓是"心想柿成"。

问：柿子产品进社区后，得到了哪些来自消费者的反馈？这些反馈会倒过来影响生产吗？

答：有，太多了！比如说柿子茶的包装形式。有消费者建议我们分高中低端，满足不同人群、不同渠道的喜好。如果是自己喝的，就包装简易一点，价格实惠一点；如果是准备送礼，就选礼盒装。再有，我们的柿子茶是不加糖的，甜味来源于柿子本身，但有些消费者还是觉得作为茶叶来说太甜了些，于是我们已经将甜度从40%降低到30%，满足大家对"微甜"的需求。我们希望来自社区的反馈越多越好，给我们改善产品的机会。

问：您怎么看消费扶贫从社区开始？

答：这是双向的互惠互利。农户出售农产品得到了更高的收益，社区居民也能以更实惠的价格购买农产品。而且社区还会给我们很多产品开发的灵感，比如说我们马上要问世的"柿子面膜"。柿子真的全身都是宝，它的单宁成分可以用于化妆品、医疗，就连它的废渣，都可以当作土壤的养料。这方面的产品我们也正在开发中。

问：柿子产业对当地人的生活起到了怎样的改善？

答：那是质的飞跃。2015年之前，我们农户的收入都很一般，但是近年来靠柿子发家的越来越多了。国内宣传力度越来越大，我们原本很多产品外销到日本韩国的，现在国内都供不应求，内需被大大地拉动了。

小杂粮，大产业

访山西忻州代县勾三杂粮有限公司总经理勾智飞

文｜阙政

"人说山西好风光，地肥水美五谷香"。山西省素有"小杂粮王国"之称，麦、粟、黍、豆、薯，无论品种、产量还是种植面积都位居全国之冠；而山西省内位于雁门关古长城脚下的忻州代县，更是"小杂粮王国"里的一个"杂粮之都"。这里种植小杂粮的历史悠久，土地肥沃，历来都出产小杂粮中的上品。

不过，以往代县出产的小杂粮往往只在省内流通，销售渠道狭窄，使得这里的小杂粮尽管品质优越，却经济价值低迷。代县多年戴着"国家级贫困县"的帽子脱不掉。

生活在代县的勾智飞，从小家里就开着一家粮油店，经营小杂粮生意。但他没有接过粮油店的接力棒，而是选择毕业后自己做点小生意。生意做得不错，可总感觉缺了点什么。

2017年，科技部发表的一篇文章《山西做大做强"小杂粮王国"》引起了勾智飞的注意——家里就是经营小杂粮的，山西省又是出名的"小杂粮王国"，自己为什么不能在"小杂粮"上想办法做出"大产业"呢？

2017年6月，习近平总书记在山西考察期间，特意走访了忻州市的特困户，为老区脱贫攻坚工作指明了新的方向："通过发展现代农业、提升农村经济、增强农民工务工技能、强化农业支持政策、拓展基本公共服务、提高农民进入市场的组织化程度，多途径增加农民收入。"

勾智飞心动了："政策给了山西省发展粮食产业经济的优势条件；代县的地理位置位于五台山和雁门关中间，山多川少、干旱少雨、土壤丰厚，非常适合杂粮生长；

勾智飞
山西忻州代县勾三杂粮有限公司总经理

我自己的家庭又有销售杂粮的经验。在发展小杂粮产业上，我有这么多得天独厚的优势，而杂粮又正符合老百姓健康生活的需求趋势，将来一定大有可为。"

　　2017年，勾智飞和父母一起注册成立了代县勾三杂粮有限公司，集基地种植、收购、产品加工、市场营销为一体。经过三年的发展，目前已经成为代县县级扶贫龙头企业。

　　从无到有，从初创到龙头，勾智飞的秘诀在哪里呢？他说，粮食生产没有什么捷径，最大的秘密就是种好粮。

　　勾三杂粮的种植基地位于雁门关下。这里的土地被当地人叫作"黄土胶泥"，抗旱排水，是一块沃土。代县的无霜期在140天，日照又充足，非常适合小杂粮的种植，产出的小杂粮颗粒饱满，淀粉含量高，膳食纤维营养丰富。而勾智飞通过1000亩土地的流转，进行连片化种植管理，用统一的优质种子、肥料，先进的田间管理、病虫害防治技术，将原本得天独厚的种植条件再度进行提升。

> "我们的基地由自主种植+订单种植构成，整个生产基地实行'六统一'，即统一播种，统一管理，统一收获，统一收购，统一标准，统一品牌。而对于订单种植的农户，公司也提供'三免费+一高于'，'三免费'即免费提供优良晋谷21号种子，免费提供机播，免费提供硒肥喷洒；'一高于'是高于市场价收购，让农户既降低种植成本，又多卖钱。"

这样的做法，不仅保证了小杂粮的品质，也极大地调动了农民生产的积极性。去年，公司订单种植的土地还只有1500亩，今年已经激增到6500亩。越来越多的代县农户开始加入这个"小杂粮大产业"。

经过3年的发展，勾三杂粮先后获得了"绿色食品认证"，"中国好粮油"示范企业。但酒香也怕巷子深。代县有了这么优质的农产品，销售途径同样需要升级换代。2019年初，勾智飞与代县电商公共服务中心进行了对接，参加了"社区的力量"社区消费扶贫活动，成功将优质杂粮小米销售到了北上广等一线城市的社区。

这是一个质的飞跃。以往，代县小米等杂粮的受众以北方居民为主，销售局限在小区域，缺少广大的布局，途径也常常不明确。而走进社区之后，勾智飞惊喜地发现，小米也走进了南方人的脾胃，而且非常受用："一位广东的叔叔特地打电话

代县出产很多优质农产品

山美、水美、土地肥沃

给我，说他通过物业买过我们的小米，吃下来觉得特别好。从前在超市20块一斤买到的小米和我们的一比，完全不是一回事。他说自己上了年纪，喜欢喝喝小米粥养胃，问我哪里还能买到这么好的小米。我马上告诉他，通过手机搜索'乐农社'微信小程序，小米马上送到家。"

在勾智飞看来，"乐农社"就好像是一个常态化的"农产品进社区"展销。他与"乐农社"的初识，也是通过代县电商公共服务中心。在那里，"乐农社"的区域负责人主动找到他，帮助他将产品在互联网和全国物业终端进行推广。

"真的很感谢乐农社，在品牌定位和整体销售上都帮了我们大忙。"勾智飞说，"有句话说，扶贫先扶智，要想扶贫，思想得先活跃起来。乐农社就是这样，不光帮我们卖东西，更重要的是让我们对品牌保护、产品开发等方面有了深刻的认识。以往我们的小米包装很简陋，大袋50斤，小袋5斤，就是这么简单粗暴，没有想过对于很多城市居民来说，5斤小米放在家里也嫌多，最好是200克、500克的小包装。从前，我们也不注重品牌化。在'乐农社'的帮助下，创立了'勾三牌雁门关小米'品牌，他们还帮我们设计了小米介绍的互联网详情页，把我们小米的特点都作了重点介绍和突出，品牌形象一下子就立起来了。"

在勾智飞看来，代县小米优点很多：米油厚，黏性大，口感香，唯一的一个缺点，是煮的时间比别的地方产的小米要长。"别的小米煮20分钟就行，我们的要煮40分钟。"勾智飞没有想到，一直被他视为的"缺点"，却被"乐农社"打造成了优点。"乐农社"为代县小米取了个新的名字："慢小米"。这正适合城市居民放慢生活节奏的需求，令人一见就有亲切感，缺点自然就转化成了优点。

如今，勾三杂粮每年通过"乐农社"一家实现的线上销售，就已经达到15%的比例。与其他电商平台相比，"乐农社"的优势在于直接对接农户与物业终端，而且商品聚焦于农产品，是一个真正助农、乐农的平台。"因为他们主推的就是农产品，还会举办许多农产品推荐活动，所以回头客也特别多。"勾智飞说。合作以来，他从终端消费者那里获得不少反馈，都说代县小米的口感特别好，这也给了他更大的信心。"接下来是要进行更充分的介绍和宣传，让山西小杂粮的宣传力度能够配得上小杂粮的优秀品质，让全国各地更多市民吃到优质山西小杂粮。"

问：与互联网平台的合作给农户带来了怎样的改变？

答： 2017 年我们累计带动农户 538 户，其中建档立卡贫困户 427 户；2019 年我们和 121 户农户签订 1500 亩包产订单，2020 年增加到 1 万亩。农户们在基地种谷子，锄草、间苗、收割，一年收入可达 3 万多元，在家门口就能当上班族。农民是真的富起来了。由于我们技术提升后，小杂粮种植可以做到 80% 的机械化，产量也和玉米高粱差不多，不像从前农民种植小杂粮又累，产量又低，所以愿意种植小杂粮的也越来越多。

问：您怎么看消费扶贫从社区开始？

答： 中国社区的力量很大，城市人口都在社区，有消费能力的人都在社区，进了社区就等于进了城市，进了终端，代表着非常广大的市场。2020 年是脱贫攻坚决胜之年，消费扶贫也是重要的抓手。今年 2 月，山西省人民政府已经正式批准代县退出贫困县序列了。

问：会不会针对互联网开发杂粮新产品？

答： 一定会的。我们正在研究小包装的小米面粉，因为要符合质检要求，目前正在硬件上打基础。"乐农社"是专注于市场营销的企业，对接消费者上有很强的优势，所以也能给我们开发新产品的指导意见。我想，未来我们的方向会是"即时食品"，比如小米锅巴，小米饼干等等。

独臂花木兰：一只左手带动全村致富

访贵州关岭自治县沙营镇纸厂村村委会副主任张兴燚

文 | 阙政

2020年金秋，贵州关岭自治县沙营镇纸厂村的山坡上，村民们正迎来丰收的喜悦从开荒播撒树种开始，历经了三年的培育和等待，山上的刺梨树终于结出了累累硕果。一个个金黄的小果子，周身布满了小刺，却有着柔软的内心：它的维生素C含量比苹果高500倍，比柑橘高100倍，比猕猴桃高9倍，还富含16种微量元素，被誉为"长寿珍果"。看着村民们将刺梨一一采摘、装袋，纸厂村村委会副主任张兴燚心里有说不出的高兴。

7年前，张兴燚带着刚满月不久的儿子回老家纸厂村过年，没想到等待她的却是一场突如其来的车祸和右臂截肢的噩运。出院后，张兴燚回到父母家，眼看着自己从一个月入过万的白领，变成了村里的建档立卡贫困户。才27岁，身体残疾，孩子年幼，欠下数十万元医疗费不说，丈夫还在她最需要帮助的时候离开了她。在离婚协议上签字的时候，张兴燚强忍泪水，用左手拿起了笔，却半天也写不出一个像样的字来。"那一刻，我知道以后的生活和工作，只能依靠这只左手了。"张兴燚的人生跌入谷底，她下定决心，剩下的这一只手，她不要用来擦眼泪，而要用来摘掉贫困的帽子。

为了训练左手，张兴燚不但每天坚持用左手抱孩子、做家务、练字，还特地买来一幅长达3米的十字绣，用左手刺绣来反复练习灵活度。日积月累的练习没有白费，她已经能够像正常人一样自理生活。而她的自强不息也感动了村里人，被村委会推荐为纸厂村的村主任助理。张兴燚中专毕业，还懂电脑，而纸厂村村民的文化程度普遍较低，贫困发生率也很高，所在的关岭自治县是国家级贫困县。到村委会

张兴燚
纸厂村村委会副主任

工作后,张兴燚抓的第一件事就是把全村建档立卡的贫困户作了"一户一档"的资料整理和信息化归档。她用一只左手打键盘,一个字一个字地敲进电脑,还在村委会办起了电脑培训班,教村干部掌握电脑办公基本操作,以便更好地进行脱贫攻坚工作。

那些年,为了摘掉贫困的帽子,张兴燚养过鸽子,卖过土蜂蜜,自己的收入早就恢复了,但她还有一个更大的心愿——带动全村一起脱贫致富。她深知,想要致富,关键还在于发动群众一起发展具有当地特色的产业。

2017年,沙营镇党委政府号召干部群众积极入股村级合作社参与发展。张兴燚看到了契机。她先后考察过许多项目的可能性,但由于纸厂村的土地多是沙土,不保水,许多农副产业并不适合在这里发展。经过对村里土地、气候现状的深入分析之后,一张扶贫产业"蓝图"在张兴燚的心中逐渐清晰。她作出了决定——种刺梨!

刺梨的营养价值和药用价值都极高，不仅果肉中的维生素C含量高居各类水果之冠，还富含维生素B1、B2、E、K1等16种微量元素，功能比酸枣高46倍，比银杏叶总黄酮含量高2.4倍。刺梨还含有抗癌物质及SOD抗衰老物质，被誉为长寿防癌的绿色珍果。再加上口感好、健脾消食、能降低胆固醇和甘油三酯，堪称老少咸宜的水果佳品。在中国，刺梨的产量尤以贵州省最大。

不过，尽管刺梨有那么多的优点，能够一眼看到刺梨巨大经济价值的村民却不多，因为在当地人眼里，刺梨只是山头自生自长的小野果。"小时候家里条件不好，就拿刺梨来当水果吃，大家都不觉得刺梨这么不起眼的小野果能有多少经济价值。"纸厂村从前的农作物以玉米为主，现在，张兴燚想要说服农户们把土地流转出来统一种植刺梨，果不其然被许多人反对。"老人反对，年轻人也反对，担心刺梨收成不好，也担心影响了原本的玉米种植。"

那段时间，张兴燚每天晚上都会去农户家里做工作，一家一家解释、劝说，足足一个多月跑下来，终于说服了大家，给刺梨一个机会。"我自己第一个贷款5万元入股刺梨合作社。大家看到我带了头，也都愿意试试看。"张兴燚对自己很有信心，这份信心来自于她曾经外出打工积累的经验，也来自于对未来纸厂村生活的美好愿景。"将来村里人不一定需要外出打工才能挣到钱，产业做起来了，可以就近务工，也能同时照看家里的老人和孩子。"

在她的带动下，2017年，纸厂村投资180万元在全村发展了1200亩耐寒山地，用于种植"贵龙五号"刺梨。部分土地抛荒多年，流转下来以后，张兴燚就亲自扛着锄头上山开荒、挖坑、种树、锄草，带着村民不停地干，从早到晚不下山。村民们给她轮流带饭，她就在地头匆匆用餐。短短数月，原本荒草丛生的山头就长出了一株株小刺梨苗。

"刺梨种下去，要三年后才到丰产期。这段'空档期'，我们可不能闲着。"为了解决短期收益问题，张兴燚按照"以地养地"、"以短养长"的发展思路，组织群众在刺梨基地套种500亩乌芋，形成长短产业齐发展的好势头。

2020年，纸厂村的上千亩"贵龙五号"刺梨终于迎来了丰收。原本以为第一年挂果，按照种植惯例要"摘丢"，但张兴燚品尝果实后高兴地发现，在村民们的悉心照料下,"贵龙五号"表现出色,已经达到了销售水平。虽然第一年产量只有十来吨,但经过嫁接培育的"贵龙五号"不但比其他品种个大,口感也非常好,按照现在的节奏,到明年就能达到数百吨的年产量。

刺梨长势喜人,但完成脱贫致富的目标还差一步——销售。如何把枝头的硕果送到千家万户的餐桌?张兴燚很自豪:销路早就定好了——合作社已经和贵州云上刺梨花科技有限公司签订刺梨保底收购合同。相比于直接销售刺梨,合作社选择了更经济快捷的产品模式:刺梨酒——新鲜的刺梨被酿成酒出售,减少了销售过程中的困难和损耗。而酿成的刺梨酒也早已经定好了"婆家":"乐农社"。纸厂村年产量数百吨的刺梨,酿成美酒之后,"乐农社"一家就能全盘"消化"。

由此,纸厂村的刺梨完成了从种植、收获、酿酒到销售的全过程,合作社、"云上刺梨花"和"乐农社"之间也环环相扣,实现了产业一条龙发展。纸厂村的刺梨果打从出生的一开始就搭上了互联网的快车,借助"乐农社"走进了千家万户。"我们的产品以刺梨酒为主,也有新鲜的刺梨果。喜欢刺梨味道的还可以试试看我们贵州人的传统吃法:拿刺梨蘸辣椒粉吃,酸酸辣辣。"

从以往的农产品大袋大袋往批发商那里拉货,到如今的新鲜农产品精美包装后直接送进千家万户餐桌,三年间,纸厂村完成了自己的产业升级,张兴燚也实现了自己的目标:带动村民一起脱贫致富。刺梨产业每年发放80多万元的务工费给村民,带动了村里130余户贫困户就业,平均每户增收3000多元。土地流转费加上务工费,村民们的收入比之前自己种玉米高出了好几倍。

"最大的变化是主动来找我的村民越来越多了。从一开始的花钱请人种植,大家抵触情绪较大,到如今的主动提议改种刺梨,越来越多农户自发加入了我们的刺梨队伍。"张兴燚高兴地把树苗分给这些农户。在走访过程中,她发现许多年轻妇女赋闲在家。"她们都识字,有一点文化,会玩手机,在家带孩子,经济压力比较大,我就教她们做微商,通过互联网在家门口就能就业。"

将田头的硕果运往社区的餐桌

2020年3月,贵州省政府公告,包括关岭自治县在内的24个县退出贫困县序列——这其中,小小刺梨也立了大功。而勤劳的张兴燚也在这场扶贫攻坚战中收获了自己的幸福:2020年初她嫁给了自己在扶贫时认识的企业家。现在他们的孩子也快满月了。她的人生和她亲手种下的刺梨树,都再次迎来了丰收季节。

问:你怎么看刺梨产业未来的发展?

答:将来我们会针对互联网销售开发更多的新产品。今年4月,钟南山院士在"2020年贵州刺梨产业发展论坛"上领衔成立"刺梨呼吸疾病研究联合攻关组",肯定了贵州刺梨的药用价值。所以我很看好刺梨产业的未来发展,它的功效还有进一步深入研究和挖掘的前景。

问:你怎么看"社区消费扶贫从社区开始"?

答:消费扶贫是将贫困村、贫困县的第一线与社区终端实现了链接,能够保证消费的常态化、直通化。订单稳定了,就能反过来刺激农户进行种植。在纸厂村我们已经亲眼看到了这样的效果。